CARTA AO PEQUENO EMPREENDEDOR
Guia para administração eficaz de seu próprio negócio

EDSON MASSOLA JR.

CARTA AO PEQUENO EMPREENDEDOR
Guia para administração eficaz de seu próprio negócio

DIREÇÃO EDITORIAL:
Marcelo C. Araújo

COMISSÃO EDITORIAL:
Avelino Grassi
Edvaldo Araújo
Márcio Fabri

COPIDESQUE:
Thiago Figueiredo Tacconi

REVISÃO:
Ana Aline Guedes da Fonseca de Brito Batista

DIAGRAMAÇÃO:
Érico Leon Amorina

CAPA:
Sidney S. G. Santos

Todos os direitos em língua portuguesa, para o Brasil, reservados à Editora Ideias & Letras, 2018.

3ª impressão

Rua Barão de Itapetininga, 274
República - São Paulo/SP
Cep: 01042-000 – (11) 3862-4831
Televendas: 0800 777 6004
vendas@ideiaseletras.com.br
www.ideiaseletras.com.br

Dados Internacionais de Catalogação na Publicação (CIP)
(Câmara Brasileira do Livro, SP, Brasil)

Massola Júnior, Edson
Carta ao pequeno empreendedor / Edson Massola Júnior - São Paulo: Ideias & Letras, 2013.

ISBN 978-85-65893-27-5

1. Administração de empresas 2. Empreendedores 3. Empreendedorismo 4. Empreendimentos 5. Liderança 6. Sucesso em negócios I. Título.

13-03206   CDD-650.1

Índice para catálogo sistemático:
1. Empreendimentos: Administração de empresas
650.1

Sobre o autor

Edson Massola Jr. é Administrador de Empresas, Contador e Gastrônomo com especializações em Marketing e Negócios, Finanças, Administração Hospitalar e Autogestão em Saúde. Atuou como gestor em várias empresas nas áreas de negócios, finanças/contábil, marketing, seguros e em auditoria. Atualmente é funcionário do SEBRAE-SP e professor licenciado de Gestão Empreendedora e Inovação do Centro Paula Souza.

Agradecimentos

Agradeço ao nosso Senhor Jesus Cristo; à Nossa Senhora Aparecida; à minha paciente esposa Márcia, aos meus filhos Luiz Eduardo e Lucas; aos meus pais Edson e Maria Aparecida e a todos que, de alguma forma, me ajudaram a tornar esse sonho realidade.

"Rezai como se tudo dependesse de Deus e trabalhai como se tudo dependesse de vós"

Santo Inácio de Loyola

Sumário

Introdução 15

1 - O perfil do empreendedor 17

2 - Você se considera uma
pessoa empreendedora? 19

3 - Você sabe qual é a diferença entre
necessidade e desejo? 21

4 - A liderança 24

5 - Você é uma pessoa entusiasmada? . . 27

6 - O que significa *brainstorming*? 29

7 - A ética nos negócios 31

8 - A criatividade e a inovação no
meio empresarial 33

9 - O que é ser empresário? 36

10 - O que é e como devemos estruturar um
plano de negócios? 40

11 - A importância da imagem de
um empreendimento 42

12 - Qual o papel e a importância dos
recursos humanos em uma empresa?.... 49

13 - O recrutamento e a seleção
de profissionais 51

14 - A importância do treinamento 53

15 - A cultura e o clima organizacionais .. 55

16 - Qual a importância de se conhecer os
recursos tecnológicos de uma empresa?... 57

17 - Qual a importância de informatizarmos
os processos de uma empresa? 60

18 - Qual a importância de se
administrar bem os recursos materiais
de uma empresa? 62

19 - Eficiência versus eficácia 64

20 - Qual a importância dos recursos
financeiros e os orçamentos de
uma empresa? 65

21 - A importância do fluxo de caixa..... 69

22- Você sabe o que é capital de giro?.. 71

23 - Qual a importância de se administrar
bem os custos de uma empresa? 73

24 - Os indicadores de performance de
uma empresa 77

25 - Qual a importância da contabilidade
dentro de uma empresa?.............. 80

26 - O que é marketing?............... 83

27 - Você sabe o que é mercado?...... 85

28 - Como os 4Ps de marketing podem
ajudar a gerir seu próprio negócio?...... 87

29 - Você sabe o que é produto?....... 88

30 - Você sabe o que é preço?......... 90

31 - Qual a importância da
localização (praça ou ponto) em
um empreendimento?................. 92

32 - Propaganda, publicidade, promoção.
É preciso saber se comunicar com
o mercado.......................... 94

33 - O que é pesquisa de mercado?..... 96

34 - Você sabe o que é segmentação?... 98

35 - Qual a importância
das funções administrativas em
um empreendimento?................. 100

36 - O que é planejamento?........... 102

37 - O que é organização?............ 104

38 - O que é controle?............... 106

39 - O que é direção?................ 109
40 - Para que utilizamos uma
estratégia empresarial?............... 111
41 - O que são missão, visão e valores de
uma empresa?...................... 113
42 - Como chegar ao sucesso empresarial?
Só identificar uma oportunidade basta?.. 115
43 - Qual a importância da força e das
técnicas de vendas? (parte 1)......... 118
44 - Qual a importância da força e das
técnicas de vendas? (parte 2)......... 120
45 - O que é negociação?............ 122
46 - A importância do relacionamento
com o cliente 125
47 - Você sabe o que é responsabilidade
social empresarial?.................. 128
48 - A importância do seguro empresarial 131
49 - O Código de Defesa do Consumidor 133
50 - Recado de um pai, amigo, irmão, filho,
esposo, professor e consultor de empresas a
um empreendedor................... 136

Bibliografia........................... 156

Introdução

Caro leitor, muitos dos artigos aqui apresentados foram publicados no Jornal "Santuário de Aparecida" na seção "Fique atento". Minha intenção ao escrevê-los foi a de ajudar realmente a quem necessita e que, sem nenhuma orientação, está se enveredando no mundo dos negócios.

Sabemos que os pequenos empreendimentos em nosso país são abundantes e que para muitas famílias significa o seu único ganha-pão. Sem qualquer planejamento, grande parte desses negócios surgem do acaso, com um início conturbado e um fim mais conturbado ainda, considerado por muitos, trágico.

A verdade é uma só: o pequeno precisa se reestruturar constantemente, buscando informações que lhe permitirão pensar e agir como um grande para sobreviver em mercados cada vez mais competitivos. Mas como?

Muitas pessoas quando ficam desempregadas não sabem o que fazer com o dinheiro de suas verbas rescisórias. Sem alternativa e desorientadas, elas acabam optando por abrir um negócio próprio, desconhecendo conceitos fundamentais para a sobrevivência de seu empreendimento.

Por isso cerca de 65% dessas empresas sucumbem logo no primeiro ano de existência e as outras sobrevivem sem nenhum tipo de controle e competitividade. Esses números poderiam ser diferentes se o pequeno empreendedor tivesse um acesso maior às informações atualizadas.

Carta ao pequeno EMPREENDEDOR, busca de forma simples e prática, suprir essa carência, repassando a você leitor, orientações valiosas para uma condução eficaz de seus negócios. Confira!

Um grande abraço,
Edson Massola Jr.

1 - O perfil do empreendedor

Caro leitor, segundo o SEBRAE (Serviço Brasileiro de Apoio às Micro e Pequenas Empresas), empreendedor é uma pessoa capaz de sonhar e transformar esse sonho em realidade. A grande diferença entre um empreendedor e um sonhador, um visionário, está justamente na capacidade do empreendedor em transformar a teoria em prática, de envolver pessoas na busca por um objetivo comum.

O sonhador até consegue ter bons *insights*, boas tiradas, consegue também persuadir pessoas, mas não tem capacidade de implementação, deixando tudo no superficial, no campo das ideias, o que para muitos se torna algo frustrante. É preciso criar, inovar, sonhar, porém depois dar vida a esse projeto, tirando-o literalmente do papel.

O sonhador até sabe planejar suas atividades, mas não as consegue desenvolver. Podemos compará-lo a um inventor que cria um objeto inusitado pensando ser esse de grande valia para a sociedade, mas que na verdade, não serve para nada, a não ser para engrandecer o ego de seu próprio inventor. A invenção que não tem aplicabilidade, passa também a não ter um apelo comercial, não gerando nenhum tipo de demanda para esse produto ou serviço e, por isso, essa invenção está fadada ao fracasso.

É a miopia de marketing de Theodore Levitt, um grande pensador dos nossos tempos, que critica o produto que permanece no mercado sem demanda, por mero capricho de seu criador que não leva em consideração as necessidades e desejos de seus próprios clientes. Capricho esse que pode custar muito caro, custar a sobrevivência de seu negócio, mas isso faz parte de outro assunto que conversaremos posteriormente.

Voltando: o visionário, por sua vez, tem uma grande capacidade de enxergar coisas que as pessoas normais demoram ou até mesmo nunca enxergarão. Tem grande sensibilidade (*feeling*), um raciocínio lógico apurado e uma facilidade espantosa de "entender as entrelinhas", mas só fica nisso, pois não consegue se aproximar, dar vida, dar uma estrutura para essa visão.

Já os empreendedores identificam oportunidades, pensam diferente dos demais e transformam essas oportunidades em negócios inovadores que solucionam muitos de nossos dilemas diários, ou seja, negócios que possuem aplicabilidade em nosso dia a dia. E o melhor, além de criarem diversas soluções em forma de produtos e serviços, os empreendedores amam o que fazem e conseguem lucrar com isso. Esse é o melhor dos mundos.

2 - Você se considera uma pessoa empreendedora?

A palavra empreendedor (*entrepreneur*) tem origem francesa, quer dizer aquele que assume riscos de forma calculada e começa algo novo. A pessoa que possui essas características consegue ver além das demais e busca nos detalhes novas oportunidades de negócios.

Uma outra característica peculiar a esse indivíduo é o hábito de se antecipar aos fatos, desenvolvendo produtos e serviços que se tornam soluções para diversos problemas. A inovação e a criatividade fazem parte de seu cotidiano. O empreendedor é também disciplinado, entusiasmado e muito bem informado.

E o mais importante: tem uma capacidade impressionante de cativar pessoas ao falar de seus ideais. Você se enquadraria em alguma dessas características? Se sim, parabéns, continue desenvolvendo suas habilidades, pois com certeza você está no caminho certo e seu sucesso não tardará a aparecer. Agora, se não possui nenhuma delas, o que acho pouco provável, não se desespere. Todas podem ser adquiridas com muito treino e determinação, basta você querer.

Reflita: grande parte dos empreendedores não nasceram prontos para atacar uma oportunidade, eles em uma determinada época de suas vidas, quiseram e posteriormente se prepararam para isso.

Aproveitando, gostaria de adicionar às anteriores uma característica que não encontramos em nenhuma literatura acadêmica.

Uma característica que considero a mais importante de todas: o empreendedor precisa ser uma pessoa que tenha fé. Precisa saber valorizar seus funcionários, pagando-lhes salários justos e proporcionando-lhes um bom ambiente de trabalho e qualidade de vida. Precisa saber negociar com seus fornecedores e clientes de forma que todos ganhem, e também pagar os seus impostos e taxas. Precisa confiar em Deus acima de tudo, inclusive em sua providência. Precisa trabalhar muito e também nunca esquecer de rezar, rezar e rezar. Essa é a minha sincera opinião.

Termino, querido leitor, com uma célebre frase de Santo Inácio de Loyola que resume bem o assunto no qual abordamos: "Rezai como se tudo dependesse de Deus e trabalhai como se tudo dependesse de vós". Pense nisso.

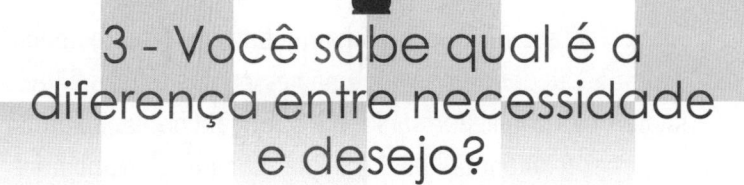

3 - Você sabe qual é a diferença entre necessidade e desejo?

Todos nós sabemos que o ser humano por natureza tem diversas necessidades. Necessidade de se vestir, de se alimentar, de se relacionar e de ter um lugar para morar. Quando da impossibilidade de atendê-las, o ser humano vive infeliz, buscando quanto antes se ver livre desses verdadeiros desconfortos. Necessidades são estados de carência percebida, carências essas intrínsecas ao homem. Por sua vez, desejos são necessidades humanas moldadas pela cultura e por características individuais onde o ambiente envolvido tem um grande poder de influência.

Desejos são manifestações de nossa vontade, por isso, certamente quem estiver com fome na Itália procurará satisfazer-se com uma pizza pela sua disponibilidade e ligação com o ambiente. Já, se for um turista e estiver no Brasil, procurará experimentar a nossa tão famosa feijoada, pelos mesmos motivos. Os desejos podem ser controlados, postergados, alterados e/ou colocados em segundo plano em nossa vida, mas as necessidades não, pois se não forem atendidas nosso corpo gritará literalmente.

Quer uma prova? Fique sem comer e sem beber por algumas horas e veja como essas necessidades se aflorarão naturalmente trazendo-lhe um grande desconforto até serem atendidas. Enfim, as necessidades fazem parte da essência do homem e brotam de dentro para fora de forma natural e incontrolável, já os desejos são criados de acordo com o ambiente em que o ser humano está inserido, são condicionáveis e não essenciais a sua sobrevivência, pois são criados de fora para dentro do homem, apesar de muitas vezes serem tão intensos que acabam por dominá-lo.

Certa vez, conversando com uma cliente, dona de uma loja em um bairro afastado do centro, esta questionou-me sobre os preços de seus vestidos expostos na vitrine. Dizia-me ela que determinados vestidos eram muito caros para a sua clientela, e que os mesmos pouco saíam, ocupando grande espaço. A primeira pergunta que fiz foi: Qual o retorno que essa mercadoria dá para a loja? Segundo a empresária o retorno era bom, gerando faturamento e lucratividade apesar de pouco giro. Mas a empresária se sentia ainda incomodada.

Continuando nossa conversa, deixou escapar que aqueles vestidos não eram para o seu público, considerado por ela de baixa renda. Foi aí que entendi o motivo da dúvida.

Pelo retorno das vendas e aceitação da mercadoria pelo público, não tive dúvida quanto a minha orientação: Mesmo sendo em um bairro afastado e de grande concentração populacional, as pessoas independentemente de seu poder aquisitivo têm necessidade de se vestir. E não só necessidade, mas desejo de se vestir bem. Por isso, nunca devemos julgar nossos clientes pela aparência ou mesmo por não possuírem condições de comprar uma determinada mercadoria.

Hoje, há diversas formas de crédito como: cartões, cheques, crediários próprios e empréstimos pessoais que viabilizam essas operações. Não podendo comprar naquele momento, elas poderão voltar mais rápido do que imaginamos. Nesse contexto, o papel do vendedor é fundamental.

É ele quem sentirá o momento para fechar o negócio, apresentando as características e os atributos dos produtos (nesse caso específico, caimento, qualidade e durabilidade do tecido, cores variadas, exclusividades, novidades, promoções de preços e serviços adicionais - pequenos acertos) como também as formas de pagamento, buscando atender às necessidades e também os desejos que motivaram determinada cliente a procurar a empresa.

Se não fechar a venda nesse momento, o importante é que esse cliente saia com a certeza de que foi bem atendido e que naquela empresa ele conseguirá solucionar os seus problemas.

Enfim, o vendedor precisa trabalhar essas necessidades, mas também garimpar os desejos de seus clientes, que muitas vezes se encontram escondidos, latentes.

Afirmo: O tamanho do bolso nessa hora não faz muita diferença. Faz diferença sim o conhecimento e a habilidade do vendedor.

Nesse caso, independentemente do preço, a minha orientação para essa empresária foi trabalhar com valor agregado às suas mercadorias, continuando a vender seus vestidos e investindo mais frequentemente no treinamento de seus funcionários. E bingo! Pouco tempo depois já estávamos ampliando a quantidade de vestidos expostos na vitrine.

4 - A liderança

Liderança é o processo de conduzir pessoas, transformando-as em uma equipe entusiasmada pela busca de objetivos comuns, gerando assim resultados positivos para esses próprios indivíduos e para o grupo como um todo.

É também uma habilidade de motivar, influenciar e envolver pessoas de forma ética e livre a contribuírem no alcance dos objetivos de uma determinada organização.

Liderança é uma conquista e não uma imposição. Para ser um líder é necessário: ter paciência, pois nem todas as iniciativas darão certo prontamente e persistência será a saída para essa situação; ter paixão: o líder precisa amar o que faz, pois somente assim ele irá além nas horas difíceis; ter capacidade de autogerenciar-se: o líder precisa primeiro liderar a si mesmo, exercitando bons hábitos; saber compartilhar: um líder não sabe de tudo, então deve cercar-se de pessoas fortes naquilo que ele não domina tão bem; ter preparo: o líder deve conhecer sua equipe, saber fazer aquilo que delegar; ser flexível: saber se comunicar com superiores, pares e demais colaboradores, saber se adaptar a novos cenários e exigências de mercado; ser simples: suas orientações precisam ser claras; ser entusiasmado: ser positivo e otimista, acreditar nas pessoas, nos processos, nos negócios; ser respeitador para saber ponderar e valorizar opiniões muitas vezes diferentes da sua.

O líder precisa ter a capacidade de enxergar o todo diante de várias peças sem aparentemente nenhuma afinidade.

É como observar um mosaico formado por vários elementos de tamanhos e cores diferenciados, que ao final dão origem a uma bela imagem.

O líder consegue enxergar além do óbvio. Ele sabe escolher as pessoas, alocá-las nos lugares certos, sabe descobrir quais são suas reais motivações, habilidades e conhecimentos, para depois envolvê-las num processo ainda maior, sem deixar de respeitar suas particularidades.

Assim o líder consegue fazer com que sua equipe tenha orgulho do que faz, tenha confiança em seu trabalho, criando em todos os membros um sentimento de pertença, um valor que diferencia sua equipe das demais. Nunca podemos nos esquecer que as empresas são formadas por pessoas e que elas são motivadas por diversas causas.

Se o líder tiver habilidade para desafiá-las reconhecendo que essas diferenças na realidade são o grande segredo do sucesso de qualquer equipe, ele poderá se considerar vencedor em qualquer empreitada.

Uma verdadeira equipe pode ser comparada a uma orquestra onde cada músico tem sua função definida para que o resultado saia conforme o esperado: um som harmonioso, sem distorções ou ruídos, fruto da sobreposição de vários outros sons produzidos de diferentes instrumentos tocados ao mesmo tempo. Algo que seria simplesmente impossível de se imaginar se não fosse pela figura do regente. Um líder que fica no comando de tudo, levantando e abaixando habilmente sua batuta, demonstrando habilidade, confiança e energia e por que não, conhecimento, atitude e habilidade na condução eficaz de seus liderados.

Em uma próxima oportunidade, não deixe de observar as semelhanças de uma orquestra se apresentando com uma empresa em plena operação.

5 - Você é uma pessoa entusiasmada?

A palavra *entusiasmo* vem do grego e significa ter Deus dentro de si, o que na minha opinião é fundamental para que qualquer empreendimento dê certo em nossa vida.

Dessa forma, podemos afirmar que as pessoas entusiasmadas fazem literalmente as coisas acontecerem, vão à frente, lideram, são persistentes e disciplinadas em seus objetivos, são até consideradas atiradas. Por saber que não estão sozinhas, acreditam fielmente que são dirigidas por uma força interior que na realidade não vem delas.

A pessoa otimista é bem diferente da pessoa entusiasmada: O otimista é aquele que pensa positivo, acredita que uma determinada situação pode dar certo. Eu disse pode, mas fica de certa forma a mercê dessa mesma situação, aguardando passivamente o seu desfecho; o entusiasmado não, ele acredita em sua capacidade que é fruto desse Deus que está dentro de si, acredita nas relações, acredita que pode interferir positivamente no mundo e nas pessoas que estão ao seu redor, sendo canal de graça, justiça, alegria e providência de Deus para o outro.

O entusiasmado é proativo, inquieto, determinado, motivado, inconformado com diversas situações e, por isso, é considerado agente e por que não, sujeito de transformação de muitas delas, pois ele não reclama das adversidades do dia a dia, busca sim, enxergar as coisas mesmo aparentemente negativas de outra forma, enxergar as coisas pelos olhos desse

Deus e ser obediente aos seus desígnios, afinal, esse Deus tem a oferecer-lhe somente coisas boas.

Obedecer, caro leitor, não é ser alienado. O verbo *obedecer* significa deixar-se conduzir por esse Deus que está dentro de si, ouvindo incessantemente o que Ele tem a nos dizer. Posso garantir-lhe que não existe algo mais entusiasmador nesse mundo do que ouvir a própria voz de Deus em seu interior. E pode acreditar, as demais coisas virão todas em decorrência disso, pois é o entusiasmo que traz o sucesso. Conheço pessoas que ficam sentadas, aguardando as coisas literalmente caírem do céu. Aguardam as condições melhorarem, a vida melhorar e o sucesso chegar. Na verdade, elas jamais se entusiasmarão com coisa alguma, pois entusiasmo requer ação.

O entusiasmo traz uma nova visão da vida. O entusiasmo é a própria esperança em movimento.

Termino esse artigo com uma linda frase de São Francisco de Assis, que nos dá uma noção do que vem a ser uma pessoa verdadeiramente entusiasmada:

> "Comece fazendo o que é necessário, depois o que é possível e de repente você estará fazendo o impossível."

Pense nisso e siga em frente!

6 - O que significa brainstorming?

Essa é uma ferramenta que poderá auxiliá-lo desde a etapa do pensar, passando pelo planejar, até efetivamente o executar de seu negócio.

A palavra *brainstorming* é de origem inglesa e nasceu de outras duas palavras que juntas significam: tempestade de ideias, de pensamentos. No interior do Estado de São Paulo, é conhecido como "toró de parpite", mas ela significa muito mais do que isso.

Grave bem o que vou dizer: *Brainstorming* pode ser seu grande aliado na busca por novas oportunidades de negócio e por melhorias nos negócios já existentes. Tudo isso a custo zero. Isso mesmo: a custo zero.

Na realidade, trata-se de uma técnica, um método explorativo que pode ser aplicado em um grupo de colaboradores, buscando assim favorecer o surgimento de novas ideias sem barreiras e pré-julgamentos para solução de problemas, situações, ou mesmo para embasar algumas decisões empresariais.

Resultado: ideias de qualidade que efetivamente poderão agregar valor a empresa, simplificar e melhorar processos, criar e/ou inovar negócios, produtos e serviços, reduzir custos, enfim, melhorar resultados sem nenhum investimento, utilizando do conhecimento e da criatividade das pessoas que já estão envolvidas diariamente com a empresa.

Como então fazer um *brainstorming* produtivo? Em um local apropriado (sem telefone tocando, e-mail chegando), forme um grupo de no máximo 10 colaboradores, escolha um assunto e peça para que todos expressem de forma objetiva suas opiniões e ideias que espontaneamente surgirem em suas mentes no período máximo de 30 minutos.

É importante frisar que nenhuma ideia deve ser julgada, criticada, e a princípio desprezada pelo grupo. Tudo o que for falado deve ser escrito e registrado para que os participantes discutam e decidam no máximo em 15 minutos quais opiniões serão desprezadas por fugirem totalmente do contexto e quais serão as escolhidas para uma solução definitiva do impasse. Algo bem direto, simples, prático e sem reservas. Analise depois os resultados.

7 - A ética nos negócios

Ética é um assunto muito relevante para todo o meio empresarial e para os indivíduos que o compõe, pois essa palavra é fruto direto das relações humanas.

Em seu sentido mais abrangente, ética é o conjunto de valores e da moral que conduzem o indivíduo a tomar uma determinada decisão. É a ciência da conduta, a teoria do comportamento moral dos homens na sociedade.

A questão ética nas organizações passa pela compreensão de sua cultura organizacional. Caminhos formais e informais considerados referências de comportamento que servem como um verdadeiro guia para ações e atitudes dentro de uma empresa.

Quais são os valores e crenças que regem essa organização? E como são resolvidos os assuntos de seu dia a dia? A prática da ética nas empresas leva a uma definição de padrões de comportamentos, normas que são verdadeiras bússolas para uma correta conduta de tudo o que ocorre; devemos buscar sempre responder as seguintes perguntas: Eu quero? Eu posso? Eu devo? E se alguma das respostas for negativa, repense antes de tomar qualquer decisão.

Devemos oferecer qualidade, alto padrão de atendimento, produtos e serviços que se tornem soluções e assim superem as necessidades atuais e futuras de nossos clientes; devemos buscar a excelência, o melhor, mas sempre pautados na ética, valorizando as pessoas e transformando os relacionamentos.

Devemos também priorizar um contato próximo e contínuo com os nossos clientes, colaboradores e parceiros, trabalhando com honestidade, integridade, humildade, sempre compromissados com a Verdade.

Atender às necessidades e desejos de nossos clientes através desses princípios se tornou algo indispensável para oferecer alternativas de valor que aufiram resultados significativos a curto, médio e longo prazos.

A permanência de uma empresa em um determinado mercado, independente de seu porte, passa sem dúvida alguma por esse caminho.

A ética traz harmonia, bem-estar e equilíbrio dos interesses individuais e institucionais:

- Melhora a imagem da empresa e a sua credibilidade no mercado;
- Melhora a qualidade, os resultados e fortalece as relações empresariais em âmbito externo e interno;
- Melhora a qualidade de vida de todos pelo alto grau de motivação que os envolve.

Reflita sobre isso e coloque em prática ou até mesmo cultive mais intensamente esses princípios em sua vida profissional e também pessoal. Os resultados serão imediatos.

8 - A criatividade e a inovação no meio empresarial

Caro leitor, em vista da atual competitividade, nenhum empreendimento sobreviverá se ele não utilizar de muita criatividade e inovação. Não pense em criatividade como sendo algo mirabolante, estupendo, fora do normal e caro, pense nas pequenas criatividades que você e sua equipe pode realizar no dia a dia de sua empresa, Pensar criativamente significa simular o impossível para depois chegar no possível. Por isso não tenha receio em quebrar tabus.

Mexa sim nos times que estiverem ganhando e esqueça nessa hora dos padrões, das normas e procedimentos, dos paradigmas empresariais para que você consiga pensar e agir de forma diferente, criando novas soluções práticas, otimizadas e claro, úteis.

Criatividade e inovação oxigenam qualquer empreendimento, outro item que faz toda a diferença é pensar nos detalhes.

As grandes corporações atualmente estão buscando retornar às suas origens. Muitas delas tentam agir como em seu início, buscando reviver os objetivos dos tempos de sua fundação, afinal, toda corporação um dia foi um pequeno negócio encabeçado por um grande empreendedor.

E viram que serão mais vitoriosas se valorizarem cada vez mais os detalhes. Em uma entrevista que assisti já há algum tempo, vi um presidente falar que sua empresa buscava pensar grande, mas agir nos detalhes, como se ela ainda fosse um pequeno empreendimento.

A simplicidade é o grande segredo da criatividade, pois sempre que você consegue descomplicar algo, com certeza, consegue também melhores resultados.

Criatividade é um processo, um exercício mental que pode ser aperfeiçoado ao ponto de se tornar uma cultura. Esse exercício exige proatividade, vontade sincera de "sair do quadrado", sair do trivial, do rotineiro e pode ser aplicado tanto em sua vida pessoal quanto na profissional, individualmente ou em grupo. Já inovação, significa melhorar, aprimorar, renovar, fazer algo de forma diferente da que já existe ou é conhecido.

Toda empresa precisa oferecer um ambiente propício à criatividade e inovação. Na realidade, precisa promover constantemente a criatividade dentro de seus muros.

Criatividade exige originalidade, disciplina e também coragem; coragem para mudar, fazer algo diferente, pois gera novas ideias, novas soluções que incomodam muito os que estão em zonas de conforto.

Sua empresa precisa estar sempre aberta à sugestões e críticas construtivas. Muitas vezes os funcionários mais criativos ao apresentarem novas ideias são tolidos e desencorajados por pares e até mesmo pelos superiores.

Não são poucos os que minam as boas ideias dentro de uma empresa, falando que isso não dará certo, forçando determinado funcionário a ficar quieto em seu canto ou ainda taxando os mais comprometidos de bajuladores. É assim que se castram a criatividade e a inovação dentro de uma empresa. Pelo ranço de uma cultura organizacional ultrapassada, perde-se grandes oportunidades de negócio.

A saída dessa situação centraliza-se na comunicação. Converse mais com seus funcionários, fornecedores e clientes. Ouça-os ativamente. Crie um formulário de sugestões e críticas em sua empresa. Avalie os resultados. Promova um ambiente propício à criatividade, premie os funcionários que sugerirem mudanças de valor ao seu negócio. Afinal, seus funcionários conhecem mais do que você o trabalho que diariamente realizam e, por isso, são as pessoas mais indicadas para tornar a sua empresa mais criativa, mais ágil e mais flexível.

Uma coisa é certa: muitas das vezes, a solução de vários problemas encontra-se debaixo do nosso próprio nariz, por isso, caro leitor, imponha-se também uma cultura criativa. Comece por você, mudando os seus hábitos, sua forma de pensar e o seu modo de fazer. Mude para que depois os demais mudem também e lembre-se: todo empreendimento tem a cara do seu dono, pode acreditar nisso.

9 - O que é ser empresário?

Todos nós sabemos que não é fácil tornar-se empresário. Exige muita disciplina e determinação. Antes de mais nada, ser empresário significa saber lidar com riscos constantemente. E, para isso, o indivíduo precisa gostar de assumir novos desafios.

Um empresário deve participar ativamente do dia a dia de sua empresa, saber negociar com seus parceiros, encantar seus clientes e ouvir ativamente seus colaboradores.

Um gestor de verdade gosta de assumir responsabilidades e ama lidar com pessoas, embora busque nesses processos o retorno de seus investimentos. Ele é a engrenagem mestra de qualquer empresa. Muitas vezes, ele pode ser confundido com um maestro, um guia e até mesmo um professor.

Em um encontro regional de educadores, eu ouvi um dos palestrantes dizer em alta voz: "Em nossa instituição, não ensinamos matemática, português, administração, contabilidade, nós ensinamos pessoas". E isso é a pura realidade.

Saindo do ambiente acadêmico e voltando para o ambiente empresarial, essa afirmação também é considerada verdadeira. Ninguém consegue chegar a um lugar sozinho. E o empresário precisa saber disso.

Quantas são as vezes que almoçando, vejo proprietários de restaurantes esbravejando com seus funcionários na frente de todos, depois eles mesmos reclamam da falta de profissionais especializados no mercado. Precisamos saber lidar com as pessoas.

Iniciar um negócio não é simplesmente iniciar um novo trabalho. O empresário tem que saber que tudo passará pelas suas mãos. Suas decisões impactarão diretamente no bom andamento de seus negócios, por isso, deve tomar muita atenção e se cercar de pessoas competentes para lhe auxiliar.

Segundo o SEBRAE, os motivos mais frequentes para se abrir um empreendimento são: independência, necessidade, vontade de ganhar muito dinheiro, possibilidade de se dedicar mais à família, sair da rotina e de tirar férias quando quiser.

Nem sempre isso será possível; para falar a verdade, pouquíssimas vezes isso se tornará possível, como também, trabalhar menos de 12 horas por dia, ser independente de bancos, financeiras, clientes, fornecedores e ganhar muito dinheiro. Por isso, o empresário precisa ser corajoso, centrado no que faz e no que quer, e também, entusiasmado ao extremo.

Para muitas pessoas, nem todo empresário é um empreendedor e nem todo empreendedor é necessariamente um empresário, mas o ideal é que o empresário seja realmente um empreendedor. A figura do empresário se confunde em muitas situações com a figura do empreendedor e, está mais ligada à direção de um determinado negócio. Nem sempre ele (o empresário) foi o indivíduo que fundou a sua empresa. Ele pode ter herdado ou também comprado.

O estilo de um empresário é mais conservador e, por isso, não representa muitos riscos à empresa. Confesso que em muitas situações esse estilo é o adequado, pois resulta em um maior equilíbrio, tanto interno quanto externo, na instituição, gerando maior credibilidade e estabilidade no mercado em que atua.

Segundo o Novo Código Civil Brasileiro, em seu artigo 966: empresário é quem exerce profissionalmente alguma atividade organizada para a produção ou circulação de bens ou serviços.

Essa definição trata do empresário como sendo um sujeito que é considerado um indivíduo e, por isso, todos que atuavam em firmas individuais antes da promulgação desse novo código passaram a ser considerados empresários, já que exerciam funções ligadas à produção (indústria) ou circulação (comércio) de produtos ou mercadorias (bens). Situação idêntica a dos autônomos que passaram também a serem considerados empresários. É o caso dos representantes comerciais, dos mecânicos, pintores, encanadores e muitos outros.

Dentro desse contexto, podemos também citar a figura do Empreendedor Individual, criada para o trabalhador sair da informalidade e legalizar sua atividade profissional. O Empreendedor Individual (EI) foi instituído pela Lei Federal 128/09, que complementa a Lei Geral da Micro e Pequena Empresa. Podem se formalizar os empresários ou autônomos que preencham os seguintes requisitos: faturem até R$ 60 mil por ano (a partir de 2018, esse valor passará para R$ 81 mil por ano), enquadrem-se dentre as ocupações apresentadas na lei, não possuam mais de um estabelecimento, trabalhem sozinhos ou com até um funcionário.

O registro é realizado pela internet no Portal do Empreendedor, lá você consegue imediatamente o Cadastro Nacional da Pessoa Jurídica (CNPJ), o número de inscrição na Junta Comercial e passa a ter acesso a vários benefícios da previdência social como: auxílio-doença, salário-maternidade, seguro por acidente de trabalho, aposentadoria por invalidez e por idade e pensão por morte para os dependentes, auxílio reclusão para ajudar os dependentes caso o empreendedor seja preso; além de poder fornecer nota fiscal, o que hoje é exigida em praticamente todas as negociações realizadas com empresas, pois o recibo simples (impresso e sem timbre) está cada vez mais em desuso.

Como Empreendedor Individual, você também poderá comprovar sua renda, participar de licitações, comprovar a aquisição de mercadorias, comprovar registro de empregado, pagar impostos reduzidos, conseguir acesso a crédito com maior facilidade e melhores taxas e prazos, sem contar que a formalização de seu negócio pode se realizar a custo zero através de empresas de contabilidade que optam pelo Simples Nacional e se encontram espalhadas por todo o país.

Essas empresas também serão responsáveis pela sua primeira declaração anual, a custo zero. Independente do local onde sua atividade é exercida, não se esqueça de solicitar previamente uma autorização que também será gratuita à sua prefeitura municipal.

E lembre-se: a legalidade amplia suas oportunidades de negócio, além de trazer credibilidade, tranquilidade e muitas garantias a você e à sua família. Ela não tem preço.

10 - O que é e como devemos estruturar um plano de negócio?

Um plano de negócios é a formulação e o registro das ideias, das oportunidades, dos conceitos, dos riscos, das experiências passadas, da estratégia empresarial bem como de todos os pré-requisitos para planejar, desenvolver e implementar, viabilizar um novo negócio.

Esse plano representa uma oportunidade única para o futuro empreendedor pensar e analisar todas as etapas de seu negócio, por isso deve ser completo, organizado, dinâmico e atualizado com frequência, pois se tornará também uma ferramenta poderosa na gestão de seu empreendimento diariamente. Nele conseguimos planejar o futuro de uma empresa tendo como base o seu passado, enxergar o mercado como um todo pela perspectiva de seus fornecedores, clientes e concorrentes.

Detectar riscos, conhecer pontos fortes e fracos, definir estratégias, analisar a disponibilidade de recursos e até mesmo prever situações e ameaças que estão por vir. Além de buscar investidores e fontes para financiamento.

Na realidade, o plano de negócio é a espinha dorsal de qualquer empreendimento, pois apresenta de forma enxuta todas as suas principais características.

Em nosso país, o plano de negócios é uma exigência das instituições financeiras e órgãos governamentais para análise e concessão de crédito, mas sua confecção infelizmente ainda não se tornou um hábito para o empreendedor brasileiro, que não o utiliza adequadamente e reclama, chegando à exaustão, da falta de tempo para redigí-lo. Uma desculpa imperdoável. Mas, quais são as etapas de um plano de negócio? Vamos a elas:

1) Sumário: descrição do projeto de forma sucinta, fornecendo uma noção geral do negócio com o objetivo de despertar o interesse dos leitores;

2) Apresentação da empresa: dados da empresa (razão social, nome fantasia, endereço, área de cobertura) e informações sobre os seus proprietários (percentual de participação do capital social, currículo e função na empresa);

3) Área de atuação: especificação das atividades para o atendimento de nichos de mercado e outras demandas; os serviços oferecidos e as formas de financiamento;

4) Análise mercadológica: perspectivas do setor, desempenho em outros mercados, definição do público-alvo, concorrência (quantidade, perfil e diferenciais);

5) Estratégia mercadológica: política de preços, promoção, vendas, comunicação em geral;

6) Recursos: materiais, financeiros (análises de ponto de equilíbrio, retorno do investimento, demonstrativo de resultados), tecnológicos e humanos.

Para obtermos bons resultados precisamos, caro leitor, escrever cada uma dessas etapas com muita atenção, pois quanto mais detalhes apresentarmos nesse verdadeiro plano de voo, menores serão os riscos e as incertezas que rondarão o nosso empreendimento.

11 - A importância da imagem de um empreendimento

Todo ser humano é observador por natureza e a sua visão é, sem dúvida, o sentido mais aguçado se comparado com os demais, principalmente nos homens.

Comprovadamente, o homem diante de uma determinada situação consegue com maior facilidade, ver o todo, o conjunto.

Já a mulher, é sabido que presta mais atenção nos detalhes, nas diferenças, nas pequenas coisas. Enfim, cada um possui o seu valor e uma forma diferente de enxergar um mesmo objeto (graças a Deus), mas em um assunto ambos são idênticos, infelizmente:

O homem e a mulher são idênticos quando julgam. Cometem o grave erro de julgar um determinado fato, ou mesmo uma pessoa, sem ao menos conhecê-la. E não são poucas as vezes, pode observar. O homem e a mulher sentem, observam, interpretam de formas totalmente diferentes, mas quando o assunto é julgar... Julgam pela vestimenta, pelas aparências, pela imagem, sem conhecer a essência, desprezando o histórico que está por detrás de um ato ou até mesmo detrás de uma simples palavra, às vezes mal colocada, afinal somos falíveis, não é verdade?

E as aparências podem realmente enganar. Na realidade todos nós somos assim. E isso não é diferente no mundo dos negócios. A imagem tem um grande valor, pois vivemos em uma época em que o ter e o parecer são mais importantes que o ser. A imagem vende.

Quantas foram as vezes que eu mesmo fui à uma padaria e olhando para um doce, resolvi comprá-lo pela sua aparência, mas quando fui experimentá-lo, me arrependi amargamente.

Apesar de eu criticar muito essa cultura neoliberal, não posso negar que essas posições, opiniões, imagens impactam em todo momento nossas vidas e é por isso que toda empresa precisa tomar muito cuidado com isso.

Um julgamento equivocado ou mesmo precipitado de um cliente pode vir a colocar em risco toda uma vida de trabalho. É nessa hora que precisamos prestar atenção em todos os detalhes, caro empreendedor.

Atenção na organização e apresentação de sua empresa, principalmente se a mesma for um comércio ou uma prestadora de serviços, que lidam mais diretamente com o consumidor final. É por esse motivo que as orientações a seguir, dão maior ênfase nesses dois ramos de atividade.

Começaremos por observar a imagem externa de sua empresa. A fachada, por exemplo. Você se sente atraído para entrar em seu próprio estabelecimento? Seja sincero, não excite.

As cores da frente de sua empresa bem como seu estado de conservação têm muito a ver com a identidade de seu negócio, com a mensagem que você quer passar.

Observe também os muros, a calçada, a porta de entrada, os letreiros, os painéis e até mesmo a quantidade disponível de vagas para estacionamento. São atraentes? Limpos? Organizados? Cuidado para que esses ítens não poluam a percepção de seus clientes. Eles poderão atraí-los ou simplesmente espantá-los de sua empresa. Por isso, retire correndo aquele velho capacho de entrada. Além de provavelmente estar sujo e com muita poeira, pode causar acidentes de grande impacto em sua clientela.

O painel da fachada sempre deve conter a logomarca da empresa, um telefone para contato, e-mail e os produtos/serviços de maior retorno ao empresário. À noite, deve permanecer iluminado para fortalecer a comunicação com o cliente.

Se a sua empresa possui vitrine, sempre avalie a exposição de seus produtos voltados para a sua rua literalmente. Esses produtos devem chamar a atenção em no máximo 30 segundos, despertando interesse no consumidor para que o mesmo entre o mais rápido possível em seu estabelecimento. Para isso ocorrer, a vitrine deve ser renovada de tempos em tempos, utilizando-se como base um cronograma que contemple as datas comemorativas do ano. Outro conselho importante: as vitrines devem ser temáticas e a sua preparação iniciar-se com até dois meses de antecedência, o que exige muito planejamento do empresário. Mas isso com certeza, será compensador. Já a sua desmontagem não poderá ultrapassar três dias da data e/ou período que serviu como tema, pois caso contrário, corre-se o risco da empresa ser considerada retrógrada e também desorganizada, maculando sua imagem no mercado. Lembre-se: a vitrine reflete escancaradamente a identidade, as intenções e até mesmo os valores de uma empresa, por isso, cuidado com ela.

Pense também no visual interno de seu empreendimento. Avalie a distribuição física e a estética de móveis (prateleiras, expositores, araras, pufes, cadeiras), máquinas, equipamentos no interior de sua empresa. Equilíbrio, beleza, limpeza, aroma e organização nessa hora vão à mesa também, pois o cliente busca experiências, lugares agradáveis, que muitas vezes remetem para seu próprio lar.

Veja um exemplo: para conhecermos de verdade um restaurante precisamos visitar sua cozinha, seus banheiros e atestar o aroma, a limpeza, e mais do que isso, a higiene desses ambientes; só que nem sempre isso é possível, apesar da permissão ser prevista em lei. Ou não conhecemos a lei ou então alegamos não ter tempo para isso.

Enfim, tirem suas próprias conclusões pelas imagens que captarem enquanto estiverem em um determinado local. O fato é que na mente do consumidor ficam gravadas as experiências que ele vivenciou e também as imagens captadas, muitas vezes, aleatoriamente. Por isso, quando o assunto for imagem, não basta ser bonito, limpo, cheiroso, precisa parecer também.

Você deve manter uma comunicação constante e envolvente (banners, cartazes, placas) com o seu consumidor, de forma simples e direta. Em todas as ocasiões, pense como um cliente e imagine quais seriam suas dificuldades para circular em sua própria empresa. Deixe o caminho o mais livre possível, sem obstáculos ou anteparos. Facilite a vida de seu cliente. Evidencie as áreas, as seções e os produtos que oferecem maior retorno para você, empreendedor.

A iluminação tanto natural quanto artificial, dentro desse contexto, deve ser levada em consideração, pois denota limpeza, destacando as mercadorias e os setores-chave da empresa. Saiba que luz sempre será relacionada com vida e o ser humano busca isso a todo o momento, felizmente. Quanto mais iluminada for a sua empresa, maior serão os retornos que ela lhe proporcionará, pode confiar. Afinal, se um cliente lhe procura, com certeza, ele tem um problema, e você, para ganhar a confiança dele, precisa apresentar-lhe uma solução de fácil acesso, com qualidade, a preço justo, disponível em um lugar agradável e também iluminado.

Na realidade, todo cliente busca facilidades e não mais problemas, através de um atendimento exclusivo onde ele seja o foco das atenções. Ele quer ser mimado. Por isso, tenha uma certeza: a aglomeração de pessoas e equipamentos penalizará o seu dia a dia assim como a dificuldade no acesso à sua empresa. E disso, o cliente quer distância.

Seja crítico com o seu trabalho, com o seu atual *layout*. Peça sugestões aos seus colaboradores, fornecedores e clientes.

Respeite a legislação referente à acessibilidade onde a largura mínima da porta de entrada deve comportar a passagem de uma cadeira de rodas. Se a sua empresa possui algum degrau na entrada, dificultando o acesso de cadeirantes e de pessoas idosas, altere-o para uma rampa e coloque também corrimãos. Não discrimine nenhum cliente, mesmo que inconscientemente.

Se você tiver ar-condicionado em seu estabelecimento, dê preferência às portas de vidro devidamente sinalizadas para que o cliente possa enxergar o interior e também não sofrer nenhum acidente. Lembre-se: o vidro é um material transparente.

Se a sua empresa for um comércio, organize-a frequentemente e com critério (cor, categoria/segmento, fornecedor, sabor, tamanho, preço, marca, estilo, sexo). A organização facilita a procura de uma determinada mercadoria, faz ganhar tempo e a simpatia dos clientes; por isso os produtos complementares e correlatos devem estar sempre próximos e os menores se apresentarem agrupados e à frente.

Uma coisa é certa: a maioria dos consumidores gosta de procurar os produtos sem incomodar ninguém e é aí que entra a figura do vendedor para auxiliar o cliente em alguma parte desse processo. Os produtos também precisam estar à vista e ao alcance de todos, sempre limpos com suas etiquetas à altura da visão de seu público-alvo, contendo seus respectivos preços, características e atributos, pois os clientes gostam de pegar, ler, comparar, interpretar, sentir, vestir, calçar.

Falando em preços, os mesmos devem estar legíveis, impressos em letras grandes e evidenciar as formas de pagamento, as condições para aceitação de cheques e cartões de crédito, os prazos de financiamento, as taxas de juros incidentes e o preço à vista, se assim decidir o cliente, para o empreendedor não se expor a prováveis penalidades dos Órgãos de Defesa do Consumidor.

Se o seu negócio for uma loja, utilize-se também de música ambiente e de uma climatização para aumentar a sensação de agradabilidade de seu estabelecimento. A música tem o poder de acalmar, traz nostalgia, boas recordações, remete à experiências e assim, aumenta o tempo de permanência do cliente em um determinado local; por isso orientamos o empresário a utilizar também dessa ferramenta. Nunca se esqueça de verificar previamente as normas do ECAD (Escritório Central de Arrecadação e Distribuição), que determina através da Lei dos Direitos Autorais, o pagamento de uma taxa (mensal ou eventual) a qualquer estabelecimento comercial que esteja reproduzindo músicas (CDs, DVDs, rádio e/ou televisão) publicamente.

Quanto ao controle da temperatura em um determinado local (climatização), pesquisas demonstraram que o ser humano sente-se mais à vontade, relaxado, com aproximadamente de 21ºC a 25ºC, por isso a climatização se tornou um importante investimento. Na impossibilidade de adquirir um ar-condicionado, recomenda-se que a empresa, principalmente os comércios varejistas, utilizem-se de climatizadores, cortinas de vento, borrifadores ou até mesmo ventiladores colocados em lugares estratégicos para baixar a temperatura externa em pelo menos 5ºC; essa diferença já será suficiente para causar uma ótima sensação nos clientes, aumentando o seu período de permanência.

Caro leitor, como vimos, a imagem de uma empresa compreende vários quesitos, por isso, seja minucioso, observador, questionador com o seu modo de fazer, colocando em prática gradativamente essas orientações. Os resultados surgirão com rapidez.

12 - Qual o papel e a importância dos recursos humanos em uma empresa?

Sabemos que toda organização é composta por pessoas. Pessoas de diferentes idades, pretensões, crenças, que juntas se tornam um dos maiores patrimônios que uma empresa pode possuir.

Nas épocas da administração científica de Taylor e Ford, em meados do século XIX, as pessoas não eram valorizadas. Eram consideradas parte integrante de uma linha de produção, e também pagas para fazer e não para pensar. Literalmente morriam de cansaço pela enorme jornada de trabalho, pelo excessivo barulho dentro das fábricas e pelos esforços repetitivos. Com o passar do tempo, as coisas mudaram e mudaram para melhor. Sabemos ainda que existem casos de exploração no trabalho, mas são pontuais. Hoje, em via de regra, as pessoas tornaram-se indispensáveis para as empresas e são reconhecidas assim.

Dá para imaginar uma empresa sem nenhuma pessoa por trás? Tudo bem que você pode citar o exemplo das empresas virtuais (comércios eletrônicos), mas não se esqueça que sempre por trás de seus processos haverá uma pessoa no mínimo supervisionando.

As pessoas ficaram tão importantes dentro de todo esse contexto que empresas médias e grandes criaram um departamento específico para cuidarem desses recursos. O famoso RH, que é conhecido nas pequenas empresas como

Departamento Pessoal e gerido pelo próprio dono com o auxílio muitas vezes de um assistente. Esse departamento cuida do recrutamento, da seleção e da alocação desses recursos, buscando adequar profissionais do mercado aos perfis das vagas abertas.

Antes de definir sobre a abertura de alguma vaga, o RH avalia quais serão as tarefas e responsabilidades pertinentes ao cargo para posteriormente desenhá-lo. Entende-se aqui como cargo, o conjunto de tarefas executadas de maneira cíclica ou repetitivas, bem como as suas responsabilidades.

Como tarefa, entendemos toda e qualquer atividade executada por alguém no exercício de seu trabalho e, como desenho de cargo, a especificação das tarefas, dos métodos de execução e das relações com os demais cargos da empresa.

O RH tem como objetivo principal pesquisar o mercado no que tange a remuneração, treinar os profissionais e reter talentos indispensáveis para a sobrevivência de qualquer negócio, mantendo-os motivados, integrados e principalmente com qualidade de vida.

O RH de uma empresa busca satisfazer os seus colaboradores de forma integral (vida pessoal/familiar/profissional) para assim conseguir otimizar também os seus resultados.

13 - O recrutamento e a seleção de profissionais

A tarefa de recrutar é de suma importância dentro de uma empresa, afinal é quando você tem a oportunidade de escolher dentre muitos interessados, alguém verdadeiramente capacitado para compor sua equipe na busca por atender as necessidades de sua empresa.

Para o SEBRAE, existem algumas ações importantes que são necessárias para que consigamos um eficiente recrutamento:

1) Definição prévia de cargos e perfis: conhecer as tarefas, as responsabilidades e os pré-requisitos de um cargo são primordiais, bem como a quantidade de profissionais por departamento, as horas de trabalho necessárias para o desenvolvimento das atividades e também as características particulares de cada colaborador;

2) Divulgação da vaga: seja interna ou externamente, a comunicação deve ser clara, objetiva, e as exigências coerentes, não fantasiosas;

3) Recepção e análise dos currículos: deve-se focar nas experiências, formações e outras informações importantes, sem que haja nenhum tipo de discriminação quanto a credo, raça ou sexo;

4) Entrevista: é a grande oportunidade que o candidato tem de se apresentar e comprovar sua experiência e aptidão para a vaga, sendo assim, não existem candidatos bons ou ruins, existem candidatos adequados e inadequados à vaga.

Vale aqui salientar que essa entrevista não deve durar mais do que 2 horas e é aconselhável ouvir a todos para somente depois decidir quem será o(a) contratado(a);

5) Aplicação de testes: é uma etapa importante que busca identificar algumas particularidades dos candidatos que se encontram ainda latentes, não tão explícitas aos olhos dos entrevistadores. Os testes psicológicos devem ser aplicados somente por profissionais habilitados e registrados no Conselho Regional de Psicologia;

6) Exame médico: busca conhecer a saúde mental, psicológica e física do candidato para que se tenha a certeza que ele está adequado ao cargo que ocupará e assim poderá responder a todas as exigências de sua nova empresa.

A seleção se dará logo após essas etapas e consiste na escolha adequada do profissional que melhor atenda a esses requisitos. Independente do porte e do ramo de atividade, toda empresa pode seguir esse roteiro para recrutar e selecionar profissionais.

O importante nessa hora é ser criterioso e ter em mente que o sucesso de sua empresa dependerá da escolha ideal de seus colaboradores, pois somente as pessoas farão as coisas acontecerem. Tenha certeza disso.

14 - A importância do treinamento

Treinar é um processo, um exercício contínuo que busca resultados positivos para uma organização através da conciliação de conhecimentos, habilidades e atitudes individuais que juntos resultam nas competências indispensáveis para uma correta execução de tarefas, otimização de processos de uma empresa, além de gerar responsabilidade e um sentimento de pertença entre todos os envolvidos.

Treinar exige disciplina, iniciativa, coragem e objetivos bem definidos. O treinamento tem por finalidade integrar uma organização em seus diversos setores e departamentos, conciliando os seus objetivos empresariais aos objetivos de cada colaborador, levando-se aqui em consideração as mais diversas motivações.

Treinar é um investimento aplicado sob os recursos humanos de uma determinada empresa, independente de seu porte, que visa sintonizar as capacidades atuais e futuras desses colaboradores à estrutura organizacional que fazem ou farão parte, como também às responsabilidades que lhes serão confiadas.

Vale salientar que as lacunas que porventura aparecerem desse processo deverão ser corrigidas pelo próprio treinamento.

Com o treinamento de pessoas, buscamos aumentar a produtividade, reter os talentos e exceder na qualidade dos produtos e serviços oferecidos como também reduzir custos, despesas, níveis de absenteísmo, *turn-over* e reclamações, número de acidentes de trabalho, refugos na produção e retrabalhos diversos.

Um treinamento constante e frutuoso otimiza a eficiência (melhorar processos, diminuir gargalos) e a eficácia (produtos, serviços, resultados) de uma empresa.

Treinar eleva o saber coletivo, intensifica as habilidades e dissemina as atitudes positivas em um ambiente interno de trabalho.

O treinamento nos ensina não só a saber fazer (bem feito e de forma peculiar que varia de empresa para empresa), mas também nos ensina a saber ser, moldando o clima e a cultura de uma organização.

Dessa forma, graças ao treinamento, a concentração dos saberes e a forma de pensar, planejar e executar características de um grupo de colaboradores, podemos afirmar que cada empresa possui um DNA, uma identidade própria que a confere um determinado valor, diferenciando-a assim das demais.

Esse valor, na realidade, se constitui em um dos mais importantes ativos (bens e/ou direitos) que uma empresa pode ter, mesmo que esse seja intangível (sem estrutura física).

Ativo útil, mensurável e relevante que vale a sobrevivência de um negócio.

Afinal, você já viu alguma empresa prosperar sem ter conhecimento naquilo que faz? Somente com muito treinamento ela conseguirá chegar lá.

15 - A cultura e o clima organizacionais

Esse é um assunto que a princípio, podemos pensar que não será aplicável no dia a dia dos pequenos negócios, mas isso não é verdade. Cultura e clima tem muito a ver com as pessoas que formam um determinado grupo, uma instituição ou mesmo uma empresa, independentemente de seu porte.

A cultura organizacional se fundamenta nas crenças, nos valores e nos hábitos de indivíduos pertencentes a uma mesma empresa, que por sua vez criam uma forma toda peculiar de perceber, sentir e resolver problemas (padrões de comportamento) através de interações e relacionamentos sociais únicos que variam de organização para organização. A cultura organizacional de uma empresa diz respeito à sua identidade, às suas ações e decisões, à sua forma de fazer negócios, à sua imagem no mercado.

Seus participantes planejam, desenvolvem, implantam, criam, descobrem formas próprias de resolver situações que se tornam válidas e aceitas por todo o grupo e passam a ser conhecidos por isso. Por esse motivo, essas formas são repassadas a todos os seus componentes, desde os mais antigos até os recém-chegados, tornando-se uma característica marcante desse grupo, dessa empresa.

A cultura é dinâmica, se manifestando por meio de valores próprios (concepções sobre o que é bom ou mau), símbolos, arquitetura, *layout* e pressupostos inconscientes ou até mesmo latentes presentes nas pessoas que compõem determinado grupo.

Toda organização deve ter a capacidade de inovar sua cultura para não se estagnar ou ameaçar sua permanência no mercado onde está presente. O mercado naturalmente despreza as empresas que possuem imagens ou relações retrógradas ou ultrapassadas.

O clima organizacional também é muito importante em uma empresa. Constitui em um ambiente onde podemos encontrar diversos aspectos formais e informais de uma organização.

A satisfação dos clientes, fornecedores e colaboradores interferem diretamente no clima de uma empresa.

Na realidade, toda organização atua em um determinado ambiente, sendo muitas vezes influenciada por ele. Por isso, toda empresa deve conhecer bem os seus macro e microambientes, pois em muitas situações ela não terá condições de influenciá-los, alterá-los conforme sua conveniência, tendo tempo somente para adaptar-se flexivelmente a uma determinada demanda.

Conheça mais profundamente a sua empresa, conversando mais ativamente com os seus subordinados e pares, tentando assim, enxergar quais as verdadeiras temperaturas externas e internas de seu empreendimento. Reúna-se com fornecedores, clientes, aplique questionários de clima organizacional, de satisfação, para você detectar quais são os seus erros e acertos.

A sobrevivência de seu negócio passa por esse termômetro. Monitore-o constantemente.

16 - Qual a importância de se conhecer os recursos tecnológicos de uma empresa?

Toda empresa na realidade é um organismo vivo e complexo, fruto da junção de diversos outros elementos que interagem entre si. São sistemas menores (departamentos, setores) que se unem para formar um sistema maior, que é a própria empresa. No entanto, há de distinguir sistemas fechados que são compostos por máquinas, dos sistemas abertos onde estão inseridos o próprio homem, as organizações e a sociedade.

Esses últimos se relacionam e são essencialmente imprevisíveis em suas reações e resultados. Por isso, os recursos humanos (as pessoas) são tão importantes em uma empresa. O sucesso empresarial dependerá diretamente das pessoas que ali estarão, como também de suas necessidades, desejos e motivações. Enfim, voltando ao assunto: os sistemas, os dados e as informações, de tempos para cá, se tornaram importantíssimos para a gestão de qualquer negócio.

Os administradores que os possuem e sabem interpretá-los, com certeza conseguem tomar decisões mais acertadas se comparados aos demais. Resumidamente, dados são fatos apresentados em forma bruta que carecem de organização para que as pessoas possam entendê-los e aplicá-los corretamente em seu cotidiano.

Já as informações são um conjunto de fatos organizados que se tornam relevantes, úteis e até mesmo estratégicos para um negócio ou uma determinada situação. Só que de nada valerá se essa informação não chegar a tempo. A qualidade da informação está diretamente ligada ao tempo gasto para obtê-la. Quanto maior o tempo, maior também será a qualidade da informação, mas a mesma informação não será mais tão cobiçada como antes, pois muito provavelmente essa informação já será do conhecimento de muitos. Ninguém compra um jornal com matérias, notícias que ocorreram no dia anterior. Uma nova informação com aplicabilidade em um determinado negócio tem um alto valor no mercado.

Dentro de uma empresa, encontramos diversos sistemas de informações. Atualmente eles são considerados de fundamental importância para uma empresa, pois muitas delas não existiriam se não fossem os sistemas de informações que simulam, detectam e resolvem a grande maioria de seus problemas.

Em via de regra, os sistemas de informação são compostos de três partes: as entradas, o processamento e as saídas. As entradas coletam/capturam os dados dentro e fora de uma organização, o processamento converte esses dados para informações tornando-os relevantes, e as saídas apresentam essas informações de forma direcionada para auxíliar as tomadas de decisões.

Os sistemas de informações também ajudam na integração de pessoas, estruturas e da própria cultura organizacional. É importante salientar que a simples existência de um sistema de informação numa empresa não a torna competitiva, apenas a torna automatizada.

Para se beneficiarem das TIs, conseguir produtividade real e tirar proveito de suas próprias capacidades, algumas organizações precisam ser reestruturadas, alterando seu comportamento organizacional para assim desenvolverem novos modelos de negócios.

17 - Qual a importância de informatizarmos os processos de uma empresa?

Sinceramente não conheço nenhuma empresa vencedora que atualmente não tenha sequer um computador em suas dependências. A informática veio para facilitar a vida do empresário, fazendo com que ele ganhe tempo e também aumente a confiança de suas informações.

A tecnologia da informação proporciona: manter um cadastro de clientes e fornecedores atualizado e de fácil acesso; facilita o contato com clientes, fornecedores e colaboradores da empresa para efetivamente criar um forte relacionamento entre os mesmos; manter a contabilidade, o controle dos estoques, as contas a pagar e a receber, o fluxo de caixa, o pagamento de tributos e a folha de pagamento sempre atualizados, sem informações dúbias; enfim, facilita a comunicação interna dando maior dinamismo a empresa e mantendo-a em dia com os seus compromissos, focada na busca por novas oportunidades de negócio e preparada, quem sabe, para uma futura expansão.

Mas o que o empresário deve levar em consideração para utilizar a informática a seu favor?

Primeiramente ele deve responder às seguintes perguntas: Qual será minha real necessidade de informação? Quais dessas informações deverei manter em meu cadastro? Quantos computadores minha empresa deverá ter? Quais serão os processadores que eles deverão portar? Esses computadores deverão estar em rede? Com internet, monitores de alta resolução e placas de som? Meus dispositivos de armazenamento de informações devem ser especiais? Como essas informações serão protegidas? Antivírus, no break. Quantas e de que tipo serão as impressoras que utilizaremos?

Antes de adquirir qualquer *hardware* ou *software*, pesquise no mercado quais são os mais apropriados para serem usados na atividade em que sua empresa atuará, pesquise preços e até peça uma demonstração para a empresa fornecedora.

Se necessitar de um sistema integrado para gerenciamento empresarial ou para gestão de relacionamento com clientes, responda antecipadamente as seguintes questões: Quais os departamentos que comporão a empresa? Quantos e quais funcionários (usuários internos de informações) serão seus colaboradores? Qual a função e cargo de cada um desses funcionários? (suas tarefas e responsabilidades) Quais serão os clientes externos da empresa? Os clientes externos e fornecedores estarão ligados a qual(is) departamento(s) da empresa?

Enfim, precisamos definir os usuários internos e externos de informações (níveis estratégicos, táticos e operacionais), definir os departamentos/setores da empresa e também os processos e atividades (entradas e saídas) para determinarmos quais serão as atividades-fins (chamadas também de *core business*) e as atividades-meio do negócio.

Só depois disso, defina os módulos para integração e cote o mercado. Verá que esse roteiro te ajudará muito na conversa com um representante de vendas.

18 - Qual a importância de se administrar bem os recursos materiais de uma empresa?

Toda empresa que produz algum produto necessita administrar bem todo o seu processo produtivo, suas vendas, suas finanças e sua produção propriamente dita.

O produto certo, no prazo certo, entregue íntegro e em segurança, por um preço justo, é tudo que uma empresa idônea almeja em suas relações comerciais. Ela trabalha para atender à uma demanda, buscando integrar-se aos seus fornecedores e clientes para que assim toda essa cadeia ganhe.

Essa sequência de atividades tem seu início na seleção dos fornecedores, passando pela aquisição dos insumos; no recebimento, na armazenagem e no deslocamento das matérias-primas e dos produtos em andamento e acabados, para finalmente esses últimos serem distribuídos ao seu consumidor final.

Todo esse processo, se bem gerido, torna-se uma vantagem competitiva. Uma ótima gestão dos recursos materiais contribui para o equilíbrio entre os níveis de estoques de uma empresa e a sua disponibilidade financeira, pois todo estoque significa dinheiro parado, que precisará ser vendido para somente depois se tornar dinheiro novamente. Isso se a venda for à vista; se for a prazo, nem se fale.

Uma administração ideal de materiais tem por finalidade um melhor gerenciamento de estoques (matéria-prima, produtos em andamento, produtos acabados, materiais/produtos secundários), de recursos patrimoniais (prédios, instalações, veículos, máquinas, equipamentos), de compras (o que, de quem, por que, quando, onde, como e quanto comprar) e também da movimentação, armazenagem e distribuição dos itens em processos e dos produtos acabados.

Com isso seu gestor busca melhorar seu desempenho, diminuindo os custos operacionais e comerciais, e se tornando mais agressivo perante seus concorrentes.

Seja grande ou pequena, uma empresa precisa se preocupar com a administração de seus materiais. Chegar na frente com menores custos e preços justos, oferecendo produtos e serviços de qualidade serão, cada vez mais, fatores que definirão a permanência ou a extinção de um empreendimento.

Por isso, mantenha-se sempre antenado, caro leitor, administrando bem os seus estoques, suas vendas e suas finanças.

19 - Eficiência *versus* eficácia

Caro leitor, toda empresa precisa ser bem administrada para conseguir atingir com êxito os seus objetivos. De todos eles, os mais importantes passam por alcançar a eficiência em seus processos e a eficácia em seus produtos e serviços. E o que significam as palavras eficácia e eficiência? Eficácia é o alcance dos resultados através de uma preocupação permanente com os fins. Trata-se da capacidade de satisfazer as necessidades da sociedade através de produtos e serviços adequados, concentrando-se no sucesso de atingir devidamente os seus objetivos. A eficácia está voltada para os aspectos externos da organização.

Já a eficiência visa a otimização dos recursos disponíveis levando-se em consideração os processos da empresa. É o fruto da relação entre entradas e saídas, esforços *versus* resultados, custos *versus* benefícios. Busca a melhor maneira/método/técnica para executar as tarefas, aplicando os recursos de forma mais racional possível e preocupando-se fundamentalmente com os meios. A eficiência concentra-se nas operações, nos processos de uma empresa, voltando-se para os aspectos internos da organização. Em suma, a eficiência busca fazer as coisas corretamente, otimizando/simplificando seus processos para evitar gargalos e retrabalho.

Independente do porte e do ramo de atividade, uma instituição precisa se preocupar com esses dois indicadores que juntos se tornarão a chave para o sucesso de qualquer empresa, por isso, busque ser eficiente e eficaz em qualquer situação.

20 - Qual a importância dos recursos financeiros e os orçamentos de uma empresa?

Todas as empresas, independente do porte ou mercado de atuação, necessitam de vários recursos para sobreviver. Um desses recursos seria o financeiro. Administrar bem as operações, os investimentos e os financiamentos trata-se de uma prática fundamental na gestão de uma empresa.

Entendemos como operações as transações decorrentes da compra e venda de mercadorias, prestação de serviços, compra de matérias-primas, insumos, suas posteriores transformações, a venda desses produtos e também a armazenagem e distribuição dos mesmos; os investimentos como sendo as aplicações de recursos em caráter temporário (dinheiro, por exemplo) ou permanente (prédios, veículos, máquinas e equipamentos) e, por fim, os financiamentos que são as captações de recursos próprios (sócios, proprietários ou acionistas, se for o caso) ou de recursos de terceiros (bancos, financeiras, investidores) para oxigenação financeira de uma empresa.

A administração financeira tem por objetivo planejar, organizar e controlar todas as atividades financeiras de uma empresa, auxiliando nas tomadas de decisões referentes aos investimentos, adequando-os quanto a incerteza, ao risco e ao retorno dos capitais investidos como também nas decisões referentes aos financiamentos para uma negociação eficaz de taxas, prazos e valores.

Por esse motivo, o planejamento financeiro é fundamental para a integração das diversas áreas de uma empresa, pois estima os recursos necessários para execução de seus diversos planos bem como o melhor método para operacionalização, analisa a relação entre o montante de recursos próprios e de terceiros dentro de uma estrutura patrimonial e identifica as melhores opções para obtenção desses recursos complementares.

Com um planejamento financeiro, a empresa busca maximização de seu valor de mercado a longo prazo, objetivando o aumento da riqueza de seus proprietários e um retorno compatível ao risco assumido, por meio da geração de resultados econômicos e financeiros, além do cumprimento de sua função social, que é a de gerar empregos, pagar impostos e cuidar do meio ambiente que está a sua volta.

Um dos mais importantes planejamentos financeiros que existe dentro de uma empresa é o seu fluxo de caixa, que objetiva controlar as entradas e as saídas de seus recursos. Primeiro se projetam essas movimentações e depois as compara com o que foi realizado efetivamente. Esses recursos podem ser decorrentes de aplicações financeiras, empréstimos e financiamentos, garantias e seguros, e da administração de contratos de risco e operações de câmbio – exportações e importações.

Para esse planejamento sempre será necessário a análise e o controle apurado dessas transações. Um outro assunto importante: toda a empresa deve administrar bem suas contas a pagar, definindo previamente quais são suas políticas de pagamento.

Saber controlar os adiantamentos a fornecedores, os descontos e a devolução de mercadorias, as cobranças bancárias, as duplicatas para pagamento fará com que o mercado elogie sua empresa e queira cada vez mais realizar negócios com ela.

Saber também os melhores dias para pagamentos em função do seu fluxo de recebimentos fará uma grande diferença, pode apostar. Sua empresa será considerada boa pagadora e ganhará credibilidade, mesmo quando não tiver dinheiro para realizar negócios à vista.

Para minimizar a possibilidade de erros em decisões que envolvam finanças, é aconselhável que o empreendedor utilize sempre sistemas informatizados por mais simples que sejam. Eles fazem a empresa ganhar em tempo e também aumentam a segurança dessas informações.

Um desses instrumentos importantes utilizados em tomadas de decisões financeiras é o orçamento empresarial, que é representado pelo orçamento geral que, por sua vez, é composto por vários orçamentos específicos.

Mas o que vem a ser orçamento geral? Orçamento geral é o conjunto de planos e políticas expressos em resultados financeiros, que permite ao gestor antecipar os resultados de uma empresa, acompanhando-os frequentemente, para assim poder detectar possíveis desvios para corrigí-los em tempo. Esse orçamento geral é composto por outros orçamentos chamados específicos, tão importantes quanto o primeiro.

São eles: orçamento de vendas (determina a quantidade e o valor total dos produtos que serão produzidos e seus respectivos impostos); orçamento de produção (determina a quantidade de produtos que devem ser produzidos em função da demanda, das vendas planejadas); orçamento de matérias-primas (determina a quantidade e o valor das matérias-primas que serão consumidas e compradas, e seus impostos); orçamento de mão de obra direta (determina a quantidade e o valor total das horas de mão de obra direta, aplicadas na produção); orçamento de custos indiretos de fabricação (levanta o montante de custos que participam indiretamente na fabricação do produto); orçamento de custo de produção (apura os custos unitários de produtos acabados e em elaboração, necessários para a avaliação dos estoques e apuração do custo dos produtos vendidos); orçamento de despesas gerais - administrativas e de comercialização (dimensiona os recursos necessários para dar suporte às vendas); orçamento de capital - investimentos (determina os valores de aquisições e vendas do Ativo Permanente, bem como apura as referidas depreciações, exaustões e amortizações); orçamento de aplicações financeiras e financiamento (apura o excedente de caixa e dimensiona os recursos necessários para financiar as atividades de operações e investimentos, bem como apura as receitas e despesas financeiras); orçamento de caixa e orçamento de resultado (apuram os resultados financeiros e econômicos de uma empresa após toda a sua operação).

Faça uso dessas ferramentas e veja depois os resultados. Serão surpreendentes!

21 - A importância do fluxo de caixa

Caro leitor, muitas das empresas brasileiras sucumbem logo nos primeiros anos de existência por não conhecer ou mesmo não utilizar o fluxo de caixa.

Os empresários que não o conhecem sentem-se, de certa forma, descompromissados com a necessidade de um controle mais rigoroso de suas finanças, e os demais alegam falta de tempo para implementá-lo, dizendo: "Em minha empresa, ou se trabalha ou se controla, as duas coisas não conseguimos dar conta".

A verdade é uma só: Enquanto seus caixas estiverem no azul, esses gestores não se preocuparão realmente em apurar seus resultados, confundindo suas vidas pessoais com a vida da empresa (o que não é difícil acontecer), sem ao menos saber das consequências que isso poderá acarretar.

Caro leitor, falo desse modo para aconselhá-lo, porque vivencio essas situações diariamente em minhas consultorias. Para você ter uma ideia, semana passada, ao perguntar a um empresário sobre suas vendas mensais, ele prontamente respondeu-me: "Até que dá para pagar as contas".

E eu retornei: "Mas até quando? O senhor já pensou nisso?". Ele parou, colocou a mão no queixo e disse-me: "Sinceramente não!".

Podemos aí observar nitidamente que para alcançarmos o sucesso, precisamos não só conhecer o faturamento de uma empresa, mas também todos os seus custos e despesas, que são os gastos/sacrifícios necessários para a sua operação, seja na fabricação de um produto (matéria-prima, mão de obra, custos indiretos de fabricação), ou mesmo na geração de alguma receita. Somente depois, saberemos dizer se determinada empresa obteve lucro ou prejuízo em um determinado período. Por isso, o fluxo de caixa se tornou uma importante ferramenta de gestão. Ele consiste no registro diário de todas as transações comerciais realizadas por uma determinada empresa, evidenciando sua real capacidade de pagamento e seus recebimentos para financiar suas operações.

Vamos agora a um pequeno roteiro para implementação de um fluxo de caixa:

1) Em um papel, liste diariamente as entradas de recursos financeiros resultantes das vendas ou de outras fontes. Ao final do mês, apure o total delas;

2) Siga as mesmas orientações para as saídas (fornecedores, impostos, comissões, custos fixos), apurando também o seu total ao final do mês;

3) Subtraia as saídas das entradas para se obter o saldo do mês subsequente, que será um parâmetro importante para as suas próximas análises.

22 - Você sabe o que é capital de giro?

Capital de giro, como o próprio nome diz, significa o quanto de recursos sua empresa precisa para sobreviver, principalmente no início de suas operações. O capital de giro deve sempre contemplar despesas pontuais (previstas) e não pontuais (ocasionais).

Segundo o SEBRAE, capital de giro, ou para alguns simplesmente investimento financeiro, é o conjunto de recursos necessários para suportar a operação do negócio durante um curto intervalo de tempo (normalmente entre 30 e 90 dias) independentemente do seu volume de receitas. Portanto, é esse capital que faz o negócio girar, movimentar-se para posteriormente gerar os resultados esperados. Em média, o capital de giro deve oxigenar um empresa, ou seja, mantê-la viva por dois meses. Isso é a prática que o mercado utiliza.

Para você, caro empreendedor, descobrir as necessidades de capital de sua empresa, é necessário primeiramente listar todos os possíveis gastos referentes ao funcionamento normal de suas atividades em um determinado período de tempo.

Estoques de produtos acabados, matérias-primas, vendas a prazo, pagamentos de funcionarios e fornecedores, e outros compromissos, não podem ser esquecidos.

As dificuldades de capital de giro são fruto, muitas vezes, do aparecimento de alguns fatores como: redução das receitas, aumento de inadimplência, aumento de despesas administrativas e de comercialização, aumento dos custos, aumento da demanda ou da combinação deles.

Para precaver-se de alguns contratempos como os citados anteriormente, o empreendedor deve, na medida do possível, formar uma reserva financeira para honrar compromissos já assumidos. É aconselhável também diminuir o ciclo econômico da empresa, ou seja, se ela for uma indústria deverá produzir e vender em um menor tempo e se for um comércio, deve vender com maior rapidez suas mercadorias, fazendo assim girar com maior frequência os seus estoques.

Outro conselho é não se endividar demasiadamente, pensar constantemente em reduzir custos e renegociar prazos e taxas com seus credores (fornecedores, bancos, financeiras).

Buscar novos parceiros, novos canais de venda, remodelar o negócio como um todo, lançar produtos e serviços podem vir a ser uma ótima saída para acertar o fluxo de caixa e automaticamente nivelar o capital de giro de uma empresa.

Enfim, a gestão do capital de giro diretamente relacionada com os seus objetivos empresarias demandará em qualquer circunstância uma atenção mais do que especial ao seu respectivo gestor.

23 - Qual a importância de se administrar bem os custos de uma empresa?

Quando mencionamos o termo "custo", automaticamente estamos nos referindo às indústrias que transformam matéria-prima em produtos acabados para satisfazer as necessidades humanas, aos comércios que compram essas mercadorias para revendê-las e também às empresas de serviços que gastam recursos para prestá-los com qualidade e preço justo.

Dentro desse contexto, o importante é sabermos identificar, classificar e também controlar os custos dos produtos e serviços oferecidos por nossa empresa, para assim nunca os menosprezarmos.

Não só o acompanhamento das receitas devem fazer parte do dia a dia de um empreendedor. A observação minuciosa dos gastos também. Entendemos como gastos os sacrifícios financeiros necessários para a operação de uma empresa, sejam eles referentes à matéria-prima, dinheiro ou mercadorias. É o que a empresa arca para obtenção de um produto ou serviço. Para haver êxito nessa ação, volto a frisar que é necessário que a empresa os conheça bem e os identifique, para posteriormente controlá-los e assim saber se está ou não ganhando quando fabrica ou vende um determinado produto ou serviço.

Saber somente o quanto fatura se torna algo fantasioso quando o assunto for relacionado a custos. Pode acreditar.

É importante frisar que com a globalização, o conhecimento e o controle desses custos se tornaram poderosas ferramentas de gestão que auxiliam na tomada de decisões e na formatação de preços. Isso torna qualquer empresa mais competitiva em seu mercado e consequentemente mais lucrativa.

Mas o que são literalmente custos e qual a diferença entre eles e as despesas?

Custos são todos os gastos, dispêndios realizados para aquisição/elaboração de um bem ou execução de um serviço, ou mesmo aquisição de uma mercadoria para posterior venda. Os custos variam de acordo com o ramo de atividade (indústria, comércio ou serviços) e estão diretamente ligados à produção e/ou à venda de um bem ou serviço.

Já as despesas são gastos que não estão relacionados diretamente com a produção e/ou venda de um produto ou serviço; são necessárias para a manutenção e a sobrevivência de qualquer negócio e tem por objetivo principal a geração de receitas.

Veja alguns exemplos de custos: matéria-prima, mão de obra, custos indiretos de fabricação (aqueles que não podem ser determinados de forma precisa em um produto).

E agora, exemplos de despesas: pró-labore (retirada dos sócios), salários do pessoal administrativo, comissões, água, luz, telefone).

Os custos e as despesas podem ser classificados como fixos e variáveis. Fixos são aqueles custos e/ou despesas que não variam conforme o volume de produção ou venda e sempre existirão mesmo que não haja produção ou comercialização de produtos/serviços pela empresa. Por serem conhecidos e constantes, os custos fixos podem ser controlados rigidamente e até provisionados, o que facilita o planejamento de qualquer empresa.

Variáveis, por sua vez, são os custos e/ou despesas que aumentam ou diminuem conforme a produção ou a venda de produtos ou serviços em uma determinada empresa. São proporcionais às vendas e influenciam diretamente as margens de ganho (lucro) de uma empresa.

Existe também outra classificação dos custos, que os considera como diretos e indiretos, conforme seu uso. Diretos, como o próprio nome diz, são aqueles gastos que estão diretamente relacionados a cada produto fabricado; indiretos são aqueles que se referem à vários produtos diferentes e, por isso, são considerados de difícil mensuração.

O custo total de produção encontrado em uma indústria se dá pela soma de todos os custos diretos com os custos indiretos incorridos em uma fábrica, representado pela fórmula: CTP = CMP + MO + CIF. CTP é o custo total de produção; CMP é o consumo de matéria-prima, que por sua vez é encontrado pela somatória do estoque inicial de matéria-prima com as compras do período analisado, mais os fretes e seguros (se existirem) menos o estoque final de matéria-prima observado em um determinado período; MO é o trabalho aplicado na matéria-prima, encontrada na somatória dos salários nominais dos funcionários com os devidos encargos, as férias, o 13º salário, benefícios e outros; CIF são os custos indiretos de fabricação que rotineiramente são rateados para assim dividí-los pelos produtos que se encontram em linha de produção.

Os parâmetros mais utilizados para o rateio são as horas de mão de obra e o tempo de produção. Apesar do método de rateio não conseguir, na maioria das vezes, apresentar um custo verdadeiro por causa dos custos indiretos representarem hoje a maior parcela do custo total de produção, ele ainda é o mais utilizado e aceito para apuração desses custos nas empresas.

Outro assunto importante é o custo unitário. Para chegarmos ao custo unitário de um produto ou serviço basta dividirmos o seu custo total pela quantidade produzida ou vendida; assim saberemos o quanto gastamos para produzir e/ou vender uma única unidade, bem como se os nossos preços, volume de produção e venda, e também nossa margem de lucro estão adequados à demanda e ao que a concorrência vem praticando.

Conhecer seu custo unitário e agir baseado nessas informações são estratégias promissoras, são ferramentas gerenciais da contabilidade que podem ser utilizadas também nos pequenos empreendimentos.

Fique atento, busque cada vez mais informações adequadas ao seu negócio e lembre-se: custos são como unhas que devem ser cortadas sempre que necessário. Os custos podem, assim como as unhas, encravar. Encravar o seu negócio, o faturamento e o lucro de sua empresa, por isso, ao cortá-los, tal ação não pode impactar, em nenhum momento, no nível de qualidade dos produtos e serviços ofertados, pois se isso ocorrer, o tiro certamente sairá pela culatra. E aí, todo cuidado será pouco e o fim estará a um passo. Fuja desse cenário. Administre bem seus custos.

24 - Os indicadores de performance de uma empresa

Não basta somente visualizar, planejar, detectar uma oportunidade de negócio, é preciso também saber desenvolver, implementar, estruturar e depois ainda analisar, comparar, interpretar e controlar seus resultados.

O empreendedor, antes de mais nada, precisa saber realizar e mensurar suas iniciativas para, se necessário, realinhar o quanto antes seus objetivos, e assim, não perder dinheiro nem tempo. Atualmente o mercado exige das empresas um alto poder de adaptação, por isso o seu negócio, caro leitor, precisa ser avaliado constantemente. Realizamos essas avaliações através da aplicação de alguns indicadores que demonstram se a empresa está tendo ou não lucro e, consequentemente, está se consolidando e prosperando em seu mercado de atuação.

Lucratividade, rentabilidade, prazo de retorno do investimento e ponto de equilíbrio são, na minha opinião, os mais importantes indicadores. Eles demonstram a saúde financeira de seu negócio, evidenciando a possibilidade de sucesso ou mesmo de fracasso de uma empreitada, e são fáceis de calcular.

Vamos a eles:

1) Lucratividade é um indicador que mensura a eficiência operacional de uma empresa. Apresenta seu ganho após o início das operações.

Exemplo: um comércio possui uma lucratividade de 10%. Isso significa que para cada R$ 100,00 vendidos (produtos/serviços), R$ 10,00 sobraram (lucro), depois de pagos todos os impostos e despesas. Podemos entender claramente que a empresa ganhou com seu trabalho para produzir e depois comercializar determinado produto a R$ 10,00. A lucratividade é obtida da divisão do lucro líquido pelo valor das vendas (receita total), depois multiplicando-se o resultado por 100, para que o mesmo se apresente em percentagem.

Entende-se como lucro líquido o resultado, a sobra das vendas quando das mesmas subtraímos os custos e as despesas referentes às mercadorias, produtos e serviços vendidos. Esse lucro deverá ser suficiente para remunerar os investimentos e atender os anseios dos investidores que financiaram a operação da empresa.

2) Rentabilidade é um indicador que demonstra em quanto tempo o capital investido pelo empreendedor/investidor retornará às suas mãos.

Exemplo: se uma pequena indústria apresenta rentabilidade de 10% ao ano, isso significa que dentro de exatamente um ano, o empreendedor terá de volta 10% de seu investimento em forma de lucro.

A rentabilidade é obtida da divisão do lucro líquido pelo valor total dos investimentos, multiplicando-se ao final o resultado por 100.

3) Prazo de Retorno do Investimento (PRI) é um indicador que demonstra o tempo que será necessário para você recuperar todo o seu investimento e consiste basicamente no inverso da rentabilidade.

Exemplo: uma empresa que tem o PRI de 3 anos; significa que somente após 36 meses do início das atividades de sua empresa, um empreendedor terá recuperado seus investimentos em forma de lucro.

O PRI é obtido da divisão do investimento total pelo lucro líquido. O resultado será apresentado por unidade de tempo (meses, anos).

4) Ponto de Equilíbrio (PE) é um outro indicador que representa o ponto exato em que a empresa não terá prejuízo nem lucro. Em outras palavras, as receitas são suficientes para cobrir todos os gastos sem que disso sobre um único centavo de lucro, por isso o ponto de equilíbrio se dá quando as vendas começam a resultar em lucro para a empresa.

A análise desse indicador ajudará você em importantes decisões como na definição do volume de produtos/serviços a serem vendidos em relação ao nível ótimo de despesas fixas de sua empresa, por exemplo.

Uma das fórmulas mais conhecidas para se chegar ao PE é: $Q = CFT/p-v$, onde Q é a quantidade ideal para ser vendida, CFT é o custo fixo total, p é o preço de venda por unidade e, v é o custo variável por unidade.

Esses são os indicadores que te ajudarão a controlar sua empresa. Para chegar ao sucesso, nunca fique longe deles.

25 - Qual a importância da contabilidade dentro de uma empresa?

A contabilidade já foi considerada a ciência das contas e hoje é conhecida como a linguagem universal dos negócios. Sua origem não é bem definida, mas sabe-se que na Antiguidade, mais precisamente na região da Babilônia, já se utilizava tabletes de barro cozido e tábuas de madeira para registrar transações de gêneros alimentícios e rebanhos.

Para se ter uma ideia, a técnica contábil utilizada ainda hoje foi uma contribuição de mercadores italianos do século XII e o famoso Método das Partidas Dobradas teve sua publicação datada de 1494, por um frei italiano chamado Luca Paccioli.

Haja história, hein? Apesar de ser muito antiga e considerada um instrumento de controle desde os seus primórdios, a contabilidade ainda não é bem utilizada por muitos empreendedores.

Em suma, ela tem por objetivo fornecer subsídios para que seus usuários acompanhem as variações patrimoniais de suas empresas ocorridas em um determinado período. Sua principal função é ofertar aos gestores informações preciosas para tomada de decisões, minimizando assim riscos e potencializando seu faturamento e lucro (contabilidade gerencial).

Mas no Brasil, erroneamente em muitas empresas, seu foco ainda se limita a atender ao Fisco (contabilidade financeira) e sua contribuição na gestão é praticamente inexistente, pois a maioria dos empresários ainda repassam todas as suas responsabilidades para o profissional contábil, inclusive a de recolher/pagar seus impostos e taxas, atitude essa que pode não terminar bem se o contabilista não for uma pessoa de muita, mas muita confiança.

Por isso, muito cuidado ao escolher o seu escritório de contabilidade. Uma vez definido, exija que esse prestador faça reuniões periódicas, de preferência em seu endereço, para que assim ele acompanhe a realidade de seu negócio.

As dúvidas devem ser esclarecidas pontualmente e o profissional, quando da necessidade, deve ser encontrado com facilidade, seja por telefone, e-mail ou mesmo pessoalmente.

Aparecer com muita pressa, uma vez por mês, na porta de seu estabelecimento para separar as notas fiscais ou ainda mandar um motoboy para pegar o movimento do mês, prefigura sérios problemas pela frente.

A contabilidade a cada dia vem se mostrando fundamental na gestão dos negócios, pois auxilia os administradores na obtenção de informações relevantes, tanto no planejamento e nas tomadas de decisões quanto nos controles internos. E com o advento da tecnologia, os sistemas de informações contábeis vieram para agilizar esse processo e dar maior segurança às informações relevantes de um empreendimento.

Estamos na era da informação. Em tempos de Revolução Industrial, a preocupação era com a produção, os seus métodos e o controle do tempo.

Hoje, com a automatização de grande parte dos processos, estamos preocupados com a geração, análise e interpretação das informações que nos bombardeiam. A maneira com que nos relacionamos com elas, ditam as regras para o sucesso ou fracasso de um negócio.

Não é mais possível gerar informações fiscais, sem uma análise e interpretação mais aprofundada desses números, que certamente auxiliarão na tomada de decisões. Esse é o papel da contabilidade.

Dentro desse contexto, o contador se tornou uma peça fundamental, pois não serve mais única e exclusivamente para guardar livros.

Nos dias de hoje, não é mais possível definirmos preços de produtos sem antes obtermos informações fidedignas sobre seus custos de produção, pois a contabilidade de custos auxilia no acompanhamento de todo o processo produtivo, iniciando-se pela compra, passando pelo processamento, transformação, distribuição e finalmente pela venda de um determinado produto.

A contabilidade busca identificar o quanto de valor agregado possui um determinado produto ou serviço após sua produção ou operação.

Feliz o empreendedor que tem a contabilidade como sua aliada, você não acha?

26 - O que é marketing?

Sabemos que marketing é um termo bastante utilizado nos dias de hoje. Não são poucas as conversas que presenciamos nos corredores das empresas que trazem o marketing como foco. Mas, o que realmente significa essa palavra? Sua aplicação só se dá nas grandes corporações ou podemos obter bons resultados se o aplicarmos também nos pequenos negócios?

Na verdade, existem várias definições para o conceito de marketing. Esse termo em inglês que termina com o sufixo "ing" literalmente denota ação, movimento e relacionamento constante com o mercado. Podemos considerar marketing como sendo a visão do cliente sobre um determinado negócio que foi criado justamente para suprir suas necessidades e desejos, e disso obter lucro.

Talvez para alguns, esta até seja uma definição simplista e muito objetiva, mas garanto não ser menos abrangente e importante se comparada às demais.

O que poucos sabem é que apesar de parecer algo complexo, na verdade o marketing é bem mais simples que aparenta, mas nem por isso demanda pouco esforço e trabalho.

Fazer marketing é sair do anonimato, é sair da multidão para ser percebido pelo cliente; mas para se obter êxito é necessário conhecer bem este cliente. Quais são suas preferências, seu comportamento de compra, qual a verdadeira imagem que ele tem de nossa empresa e como conseguiremos satisfazê-lo para que ele não só volte a comprar conosco, mas se torne um vendedor em potencial de nossos produtos e serviços.

Diante desse contexto, posso afirmar que os pequenos negócios podem ser orientados para o marketing, sem ser necessário grandes investimentos.

Sabemos que estamos em um mundo de inúmeras necessidades, mas carente de recursos para atendê-las e, por isso, a criatividade unida a inovação tornaram-se fatores preponderantes para o sucesso de qualquer negócio. Precisamos sim é exercitá-las.

Conseguiremos bons resultados simplesmente observando a concorrência, as novas tendências de mercado e ouvindo ativamente os nossos clientes para assim detectarmos novas oportunidades de negócio e também evidenciarmos nossos pontos fortes e fracos.

Utilizaremos para esse fim as pesquisas de mercado, mas isso já é assunto para uma próxima conversa.

27 - Você sabe o que é mercado?

O termo "mercado" significa local onde atuam os compradores e vendedores de produtos e serviços. Segundo o especialista em marketing, Prof. Marcos Cobra, mercado é o conjunto de normas, costumes e elementos que aproximam esses indivíduos para a realização de trocas entre si.

Claro que com o avanço das novas tecnologias, esse mercado não mais se limitou a simples áreas geográficas como as conhecidas na Idade Média.

Nos livros de história, aprendemos a importância das rotas comerciais de Gênova e Veneza, lembra-se? Hoje o mercado se globalizou, transpondo muitas barreiras físicas e culturais, graças ao advento da internet e da telefonia. Realiza-se transações comerciais até sem que o vendedor e o comprador se conheçam e o pagamento se faz por transferência bancária, boleto ou cartão de crédito, não havendo mais necessidade de dinheiro e do consumidor ir até algum banco. Para termos uma ideia, somos capazes de comprar qualquer mercadoria em qualquer país do globo terrestre, recebendo-a no máximo em 15 dias.

Na realidade, estamos a um clique de qualquer parte do mundo. Isso não é fantástico? É importante frisarmos que cada ramo de atividade, tipo de produto ou serviço possui o seu mercado específico.

Mesmo as pequenas e médias empresas, precisam desde o início que suas operações se preocupem com três tipos de mercado:

1) Mercado consumidor: são todas as pessoas ou empresas clientes ou que possam vir a ser tornar clientes que usufruirão do bem ou serviço. Vale salientar que é esse mercado que define a demanda;

2) Mercado fornecedor: são todas as empresas públicas ou privadas que fornecem máquinas, equipamentos, matérias-primas, serviços que são necessários para a operação de uma empresa;

3) Mercado concorrente: são todos os negócios formais e informais que fabricam e comercializam produtos ou prestam serviços iguais ou similares aos seus. Tudo isso interfere na permanência de uma empresa em um determinado mercado.

O grande desafio é mantê-la sempre viva, atuante e diferenciada das demais.

28 - Como os 4Ps de marketing podem ajudar a gerir seu próprio negócio?

Caro leitor, o conceito de Marketing Mix (mistura de marketing), mais conhecido no Brasil como Composto de Marketing, é a combinação dos elementos que compõem as atividades e os processos do próprio marketing.

Ele foi definido por um professor da Universidade de Michigan/EUA chamado Jerome Mc Carthy. Esse composto, segundo os estudos de Mc Carthy, é dividido em 4 partes: produto, preço, promoção e praça (ponto de venda).

Com o passar do tempo, essas partes ficaram conhecidas mundialmente como os "4Ps do Marketing" por iniciarem-se com a letra P. Especialistas renomados, como o Prof. Philip Kotler, consideram essas 4 ferramentas essenciais para se entender o mercado, seus participantes e também suas várias relações.

Nas próximas páginas, abordarei cada um dos 4Ps, tentando repassar-lhe caro leitor, informações importantes e práticas que o auxiliarão na administração de seu empreendimento. Siga em frente!

29 - Você sabe o que é produto?

Assim como é importante conhecermos os hábitos e preferências de nossos clientes, precisamos também conhecer a fundo os produtos e serviços que ofereceremos a eles, por isso quero dar-lhe um conselho: Não devemos somente nos limitar a conhecer as características dos produtos que trabalhamos, mas sim nos especializarmos em oferecer seus benefícios.

Para termos uma ideia: quem compra uma furadeira, não pensa somente na marca, na cor e no manuseio dessa ferramenta, mas pensa principalmente nos furos (benefícios) que ela poderá fazer.

Por isso, não é errado dizer que ao se vender uma furadeira, o profissional de vendas precisará ter habilidade para fazer com que seu cliente a perceba como uma bela "fazedora de buracos", pois é isso justamente o que ele procura. Mas o que de fato é um produto? Produto é qualquer bem que possa ser oferecido a um determinado mercado para aquisição, utilização e também consumo com o intuito de satisfazer um desejo ou uma necessidade.

Segundo o Prof. Philip Kotler, em seu livro Administração de Marketing, existem algumas classificações de produtos que auxiliarão você, caro leitor, na busca por um melhor posicionamento de mercado.

São elas:

1) Bens duráveis: são bens utilizados por um vasto período de tempo como carros e refrigeradores;

2) Bens não duráveis: a grosso modo são os consumidos em poucos anos como alimentos e produtos de limpeza;

3) Serviços: atividades, benefícios que são oferecidos para a venda, exemplo: corte de cabelo;

4) Bens de consumo: são aqueles adquiridos por consumidores finais para o próprio uso, como bebidas;

5) Bens industriais: são aqueles comprados para fazer parte de um novo processamento ou para servir como instrumento de trabalho em um outro negócio, exemplo: um cortador de grama utilizado por um jardineiro no exercício de sua profissão.

Enfim, somente conhecendo nossos produtos e serviços, teremos condições de cativar nossos consumidores para assim construirmos relacionamentos duradouros, impulsionados por vários momentos mágicos, experiências positivas, que se tornarão inesquecíveis e, por isso, marcarão a memória de nossos clientes.

Dessa forma, sem muito esforço e investimento, seremos lembrados e os nossos consumidores voltarão a comprar conosco e se tornarão também nossos vendedores, divulgando nossas ideias, nossos valores e nossa marca Brasil afora.

30 - Você sabe o que é preço?

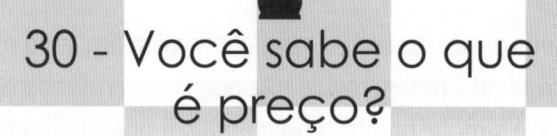

Preço é algo fundamental para a operação de qualquer empresa, pois se bem definido, o empresário honra com todos os seus compromissos e ainda consegue obter lucro. Isso é o que se espera para quem desembolsou recursos, correu riscos e ainda foi o último para ser remunerado.

Literalmente, preço é um valor monetário que define as condições básicas pelas quais um vendedor e um comprador realizam uma troca. É o valor justo pela posse de um bem ou serviço, que expressa a quantidade de moeda que o consumidor deve dispor para concretizar uma negociação.

Antigamente, o empresário era quem definia suas margens de lucro e consequentemente seus preços; hoje, muita coisa mudou a ponto de ser o mercado que define essas variáveis.

Por isso, gerenciar os custos de uma operação se tornou algo muito importante para a sobrevivênvia de qualquer negócio. Mas dentro dessa nova realidade, o que é mais interessante para o empresário? Trabalhar com uma estratégia onde se venda preços ou trabalhar oferecendo valor aos seus clientes?

Trabalhar somente com preços nos dias de hoje se tornou algo muito difícil, pois se o cliente não consegue perceber um diferencial, ele automaticamente parte para pedir um desconto, julgando que o empresário está faturando demais. E aí, convenhamos: não existe algo mais desgastante do que ficar negociando um descontinho aqui e outro acolá.

Por outro lado, trabalhar focado em valor, no "algo mais" dá melhor resultado, porém requer disciplina e aprendizado contínuo.

Valor, é simplesmente o preço mais a qualidade percebida pelo cliente. Isso mesmo, é fácil de se explicar, mas nem sempre fácil de se aplicar.

Já li em vários livros que "valor" é o preço mais a qualidade, só que gosto de frisar que essa qualidade tem de ser percebida pelo cliente.

Nesse contexto, os pequenos e médios negócios possuem várias vantagens se comparados aos grandes. Uma delas é a de conhecer seus clientes pelo nome, a outra é a de conhecer os familiares desses clientes e outra até, é a de participar muitas vezes das mesmas festas e confraternizações que eles participam.

Assim, os negócios facilmente se tornam relacionamentos e o preço na hora da venda não se torna o item mais importante e isso faz uma grande diferença.

Pense nisso e comece a trabalhar oferecendo valor em suas mercadorias, em seu atendimento e em seu dia a dia.

Outro assunto importante: Um bom processo de formação de preços sempre começa com uma boa compra.

Independente de como você define o seu preço (por comparação, diferenciação e/ou controle apurado dos custos), selecione corretamente os seus fornecedores e faça com que eles conheçam a sua empresa e as suas necessidades.

Planeje bem as suas compras e compre sempre que possível por volume, buscando parceiros verdadeiros, na alegria e na tristeza.

31 - Qual a importância da localização(praça ou ponto) em um empreendimento?

A localização é um fator muito importante para o sucesso de qualquer empreendimento. Uma vez bem definida, a empresa fabricará seus produtos e/ou prestará seus serviços de forma adequada, não mais se preocupando com a sua infraestrutura.

Mas, essa decisão envolve uma análise prévia de todos os custos envolvidos na implantação de novas instalações ou nas alterações de instalações já existentes. O gestor se deparará com alguns custos importantes para definição do novo local.

Em primeiro lugar, serão os custos tangíveis: custo de aquisição do terreno (se for para sede própria), custo do aluguel, custo de matérias-primas e produtos acabados, combustíveis, insumos (necessários à produção), água, energia elétrica, impostos, seguros, mão de obra e por fim, custo da mudança de local, se for o caso.

Posteriormente, serão os custos intangíveis:

1) Custo pela disponibilidade de mão de obra especializada: ocorre quando há uma concentração de empresas em uma determinada região. Na medida em que a mão de obra vai ficando escassa a tendência é que os salários aumentem para atrair os profissionais diferenciados;

2) Custos provenientes de conflitos com a comunidade local: com a implantação de uma empresa em um determinado local, há sempre a preocupação da comunidade circunvizinha

com a poluição, os ruídos, a movimentação de solo, o aumento da circulação de automóveis e caminhões, enfim, da alteração da rotina do local;

3) Custos devidos a fenômenos naturais: é preciso avaliar os possíveis problemas com a natureza, pois as companhias de seguros calculam a probabilidade de ocorrência de sinistros em determinadas áreas ou regiões.

Além dessas informações, devemos também avaliar se o local escolhido está próximo às fontes de matéria-prima, ou está próximo do mercado distribuidor (clientes) ou ainda, se a atividade de produção só poderá ser desenvolvida em um determinado local em função das características do processo, como por exemplo nos Distritos Industriais onde várias empresas se instalam devido a oferta de terrenos e isenção de impostos. Por isso, caro leitor, tome cuidado ao escolher o local de sua empresa. Essa decisão é estratégica e fundamental para o sucesso ou fracasso de seu empreendimento.

32 - Propaganda, publicidade, promoção. É preciso saber se comunicar com o mercado

Caro leitor, toda empresa precisa de um plano eficaz e permanente de comunicação com o seu mercado.

Esse plano tem por objetivo divulgar a missão, visão, valores e os objetivos de uma empresa para os seus clientes, fornecedores, acionistas, investidores, bancos/financeiras, governo, agências reguladoras e a sociedade em geral (ambiente externo).

E também para os seus funcionários, administradores e sócios. Tudo com um único objetivo: fazer com que mais e mais consumidores comprem seus produtos/ serviços e permaneçam fiéis e sempre alerta às suas inovações.

Isso não é uma tarefa fácil, pois manter a imagem de um produto, os valores de uma marca em evidência, ou seja, na mente dos consumidores requer muito e muito trabalho.

Segundo o Prof. Philip Kotler, em seu livro Administração de Marketing, uma boa propaganda deve:

1) comunicar que o produto/serviço existe;

2) construir a imagem do produto/serviço;

3) mostrar novos usos para o produto/serviço;

4) conquistar novos clientes;

5) posicionar o produto/serviço na mente dos consumidores;

6) comunicar extensões de linha;
7) comunicar atividades promocionais;
8) promover a fidelização dos clientes.

De forma prática, devemos criar iniciativas que resultem em bons resultados sem que para isso sejam necessários grandes investimentos.

Iniciativas como anunciar em jornais de bairro e carros de som, confeccionar panfletos, patrocinar festas de sua paróquia comprovadamente dão bons resultados. Dentro desse contexto, não podemos esquecer da internet, que de anos para cá, se tornou um importante veículo de comunicação e um gerador potencial de oportunidades de negócio.

Por isso, caro leitor, é necessário que você insira a sua empresa, os seus produtos/serviços e seus telefones para contato em um site de busca, ou até mesmo desenvolva um site próprio para que ele se torne uma filial de sua empresa aberta 24 horas.

Blog/Facebook/Twitter são canais de comunicação (páginas de relacionamento), a custo zero que proporcionam um contato frequente com os clientes e aumentam significativamente as vendas. Nunca esqueça de mantê-los atualizados.

Conheço uma empresária que utiliza com frequência o Whatsapp para enviar mensagens às suas clientes com promoções e novidades de sua loja e os seus resultados são de "tirar o chapéu".

33 - O que é pesquisa de mercado?

O verbo pesquisar significa indagar, questionar, investigar para conhecer melhor. Mas por que no mundo empresarial precisamos pesquisar tanto o mercado em que atuamos? Será que apenas a nossa experiência de vida não nos é suficiente para administrarmos um "pequeno" negócio? A resposta é simples: NÃO.

O mercado sempre foi dinâmico e tornou-se ainda mais com o advento da globalização, ao ponto de não mais garantir o que já foi sucesso no passado. Os consumidores de hoje, pela quantidade de produtos e alternativas, se tornaram mais críticos e exigentes. Lembra-se do *walkman*? Será que hoje uma criança pediria um de presente?

Observe: com a mudança constante das preferências e hábitos dos clientes somada a uma tecnologia galopante, diariamente são criados vários novos produtos, entretanto nem todos se tornarão sucesso em vendas, resultando ao empreendedor grandes prejuízos.

Diante desse contexto, as pesquisas de mercado, se bem aplicadas e interpretadas, tornam-se instrumentos fundamentais na gestão de qualquer negócio, pois auxiliam nas tomadas de decisões, minimizando os equívocos e os gastos desnecessários.

Mas como podemos fazer uma pesquisa de mercado de forma rápida e eficaz?

Pegue papel, caneta e comece registrando:

1) Qual o produto ou serviço que oferecerei?

2) Quem serão os clientes que prontamente adquirirão o meu produto/serviço? E quais os que potencialmente poderão comprá-lo?

3) Quais são os hábitos e preferências desses clientes? Eles estão dispostos a pagar qual preço e a comprar com qual frequência?

Depois disso, desenvolva o questionário para a pesquisa, observando que:

1) Ele deve ser pequeno, compacto com no máximo 10 (dez) perguntas, pois as pessoas usualmente têm pouco tempo para responder;

2) Deve ser focado nas informações que você anteriormente levantou de seus possíveis clientes. Passadas essas etapas, agora você está pronto para ir a campo. Entreviste pessoas de seu convívio e também as desconhecidas em vários lugares. Não fique envergonhado com essa situação.

Aborde, peça licença e explique o motivo da entrevista. Seja persistente, pois dessas respostas sairá o caminho que você deverá trilhar. Por último, "converse com o papel".

Tabule os resultados. Ordene as respostas conforme a frequência e as interprete até ser possível chegar a conclusões que serão sua bússola para o verdadeiro sucesso de seu empreendimento.

34 - Você sabe o que é segmentação?

É errado tentar vender tudo para todos. Assim você acaba não sendo reconhecido por nada, deixando a desejar em vários quesitos.

Quem faz muitas coisas diferentes pode ter dificuldades em fazê-las bem; como o pato que anda, nada e voa, mas... anda mal, nada mal e voa mal.

A primeira ação de marketing de uma empresa é responder a uma pergunta considerada simples: a quem serviremos? E depois responder: como serviremos?

A estratégia de marketing de qualquer empresa deve incluir duas etapas: a escolha do mercado-consumidor e a definição dos meios para conquistar esses mercados.

Segmentar é dividir o mercado em grupos de consumidores com necessidades e exigências semelhantes. Em primeiro lugar, você deve definir o mercado de sua empresa e se ela atenderá aos consumidores finais, intermediários, pessoas físicas ou empresas.

O empreendedor terá de definir quem será o grupo de consumidores atendidos por sua empresa. Levantar suas necessidades, desejos, exigências e hábitos de consumo. Assim encontrará o perfil de seu consumidor.

As empresas geralmente têm segmentos de mercado baseados na combinação de mais de um fator. Uma loja pode vender roupas para adultos do sexo feminino, de alto poder aquisitivo e, por exemplo, obesas.

A segmentação de mercado também pode estar baseada principalmente na região onde esses consumidores moram. Isso geralmente acontece quando o tipo de produto ou serviço oferecidos são tradicionalmente procurados pelos próprios consumidores, nas proximidades de sua residência, de seu local de trabalho ou nas áreas onde passam habitualmente.

Um exemplo são as farmácias e as mercearias que atendem os consumidores que moram em seu entorno. O atendimento nesses estabelecimentos é bem mais eficiente que nos grandes supermercados, não é verdade? O segredo está em conhecer pessoalmente os clientes bem como os seus hábitos e preferências. Tratar os clientes pelo nome faz uma enorme diferença.

Segmentar o mercado é como fazer uso de uma lente de aumento. Você continua enxergando o todo, mas consegue também enxergar os detalhes para melhorar a sua atuação. É andar mais ao lado do seu cliente, sabendo qual nível de qualidade é esperado por ele, qual a quantidade por ele requisitada, o que é necessário para satisfazer plenamente esse cliente e para estimulá-lo a voltar a procurar nossa empresa.

35 - Qual a importância das funções administrativas em um empreendimento?

Todas as empresas possuem diversos processos que sempre dependerão de pessoas para serem executados, como também administrados.

Segundo o Prof. Idalberto Chiavenato, em seu livro Introdução à Teoria Geral da Administração, a palavra administração vem do latim *ad* (direção, tendência para) e *minister* (subordinação ou obediência) e significa aquele que realiza uma função sob o comando de outrem. Significa também a ação de prestar serviço ou ajuda a alguém, e por esse motivo, é uma ação diretamente ligada às relações humanas.

De tempos para cá, a administração se modernizou, ampliou seu enfoque, passou a ser considerada uma ciência social aplicada e, dentro desse contexto, o administrador/gestor apresenta-se como um sujeito, um agente capaz de conhecer as necessidades humanas e assim compreender melhor o comportamento e a motivação de todas as pessoas envolvidas nesse processo e, com isso, obter os melhores resultados possíveis, frutos dessas relações.

Conseguir administrar necessidades ilimitadas, dispondo de recursos sempre limitados, é o seu principal objetivo.

Esse profissional ao coordenar um determinado trabalho, desempenha suas funções sempre focado nas etapas do processo administrativo.

O processo administrativo é dividido em quatro partes: o planejamento, a organização, a direção e o controle.

Sem sombra de dúvida, um bom gestor dominará essas quatro ferramentas que o ajudarão a alcançar todos os seus objetivos organizacionais, sejam eles quantitativos (metas, produtividade, lucro ou prejuízo) ou qualitativos (qualidade de vida, nível de satisfação no trabalho, comprometimento dos colaboradores).

A seguir, explicarei mais detalhadamente cada uma delas.

36 - O que é planejamento?

Caro leitor, imagine-se às vésperas de um feriado prolongado, você e a sua família de malas prontas para uma descida até o litoral.

Depois de uma semana de trabalho gratificante, mas cansativa, não há recompensa melhor, não é verdade? Mas como você pode ter certeza que tudo dará certo nessa viagem? Sinceramente é impossível responder a essa pergunta com exatidão. Podemos sim diminuir a probabilidade de erros e contratempos, mas nunca conseguiremos extinguí-los.

Para analisarmos qualquer situação, devemos considerar diversos fatores que influenciarão no resultado final. Alguns deles dependerão mais de você para se evidenciarem e outros nem tanto.

O clima é um exemplo clássico. Você deverá se adaptar a ele, pois não há como alterá-lo. Se fizer sol você utilizará um tipo de roupa e se chover você utilizará outro. O tamanho da sua mala também dependerá desse quesito, já pensou nisso? Sem contar que chuva não combina com praia, e se isso realmente acontecer, a possibilidade de cancelamento da viagem será muito grande.

Como vimos, diariamente estamos expostos a diversos riscos, até quando o assunto é lazer. Pensamos de uma forma, mas nem sempre acontece conforme nossas previsões. E como podemos minimizar esses riscos? Só conheço uma maneira: realizando um bom planejamento, seja ele para uma simples viagem ou até mesmo para a gestão de um empreendimento.

Planejar significa pensar, preparar, criar planos com objetivos definidos e através disso buscar respostas para as seguintes perguntas: O que? Quem? Por quê? Quando? Onde? Como? Quanto? Saber onde estamos e aonde queremos chegar demonstra um foco nítido nos resultados e que faz toda a diferença. Conhecer bem a necessidade e a disponibilidade dos recursos financeiros, materiais, humanos e tecnológicos que serão utilizados em uma empreitada diferencia um verdadeiro gestor de um aventureiro desavisado. O planejamento ajuda-nos a garimpar e a encontrar oportunidades, reconhecer e mensurar ameaças e a também analisar a viabilidade de qualquer iniciativa. Planejamento é compromisso e, por isso, precisa ser registrado e revisado de tempos em tempos para nunca cair no esquecimento. É a etapa inicial de qualquer projeto (pessoal ou profissional) e é tão importante que pode definir o seu sucesso ou infelizmente o seu fracasso. Por esse motivo, ao confeccioná-lo seja disciplinado e metódico. Quanto maior o nível de detalhe, maior será a probabilidade de acerto.

37 - O que é organização?

Organização é o processo de estruturação de uma empresa. Ser organizado é conseguir colocar todas as coisas em seus devidos lugares de forma lógica e racional, observando para isso as melhores práticas.

A organização compreende a estrutura (física ou social) da empresa segundo a disposição de seus próprios recursos (materiais, humanos, tecnológicos e financeiros), tornando o ambiente empresarial mais otimizado, estruturado e produtivo.

Para termos bons resultados nessa etapa do processo administrativo, precisamos primeiramente determinar quais as atividades necessárias para alcance de nossos objetivos como empresa; depois agruparmos essas atividades em uma estrutura lógica/funcional (departamentalização) e, por fim, analisarmos, descrevermos e definirmos quais serão as posições e as respectivas pessoas que farão parte dessa organização (cargos, tarefas e responsabilidades).

A representação gráfica de toda essa estrutura organizacional é chamada de organograma. Nela podemos visualizar as unidades funcionais (setores/departamentos), as relações existentes entre os colaboradores e também a hierarquia, que é peculiar a cada empresa.

Um organograma facilita a tomada de decisões, a comunicação entre as áreas e o fluxo de informações em seu ambiente interno.

Em contrapartida, o organograma possui algumas limitações como a de apresentar relações que nem sempre correspondem à realidade, a de ser um retrato fiel dos estatutos, regulamentos e normas que nem sempre condizem com o dia a dia da empresa e a de limitar a autoridade de alguns gestores, por isso devemos mantê-lo sempre atualizado.

Em via de regra, o organograma gera bons resultados na organização de pequenos, médios e grandes negócios.

38 - O que é controle?

Caro leitor, em toda ocasião, os controles estarão relacionados com a verificação. Controlar consiste na análise de todas as atividades e processos de uma empresa para se atestar suas conformidades aos objetivos empresariais e também às instruções e princípios preestabelecidos.

Nenhuma empresa sobrevive sem controle. É uma maneira de averiguar se a prática está correspondendo à teoria, já que as duas precisam andar de mãos dadas.

Controlar é ver se o que foi planejado está mesmo sendo executado para assim minimizar as chances de erros, os desvios, desperdícios, gargalos, enfim, as fraquezas de qualquer empreendimento, e corrgí-los a tempo. Controlar é um processo contínuo e gradativo e, por isso, exige um aperfeiçoamento. Para um controle ideal, precisamos: estabelecer padrões; avaliar constantemente desempenhos; analisar, interpretar e comparar desempenhos com padrões e por fim agir corretivamente, se necessário.

Os controles adotam políticas, normas e procedimentos para identificação, análise e controle de riscos existentes, formalizam o cumprimento das normas internas e externas que impactam as atividades da empresa, identificam demandas (necessidades) internas na prevenção de possíveis riscos, atuam permanentemente com ações que englobam a empresa com um todo e cuidam minuciosamente da informação e da comunicação, enfim, de toda a cultura organizacional de uma empresa.

Por esse motivo, podemos afirmar que os controles objetivam a redução de riscos; a confomidade das práticas às leis, normas e procedimentos; a eficiência das operações e a exatidão, a integridade e a segurança das informações.

Controlar impacta diretamente nas vendas, no faturamento, no lucro de um negócio e também na satisfação plena de seus consumidores, fornecedores e colaboradores.

Por isso, o motivo de sua importância. A seguir, cito alguns pontos relevantes que precisam ser observados por todo gestor que busca controlar devidamente o seu empreendimento:

1) Sua empresa possui controle sobre os seus custos? Fixos/variáveis, diretos/indiretos, custos de produção/custos de comercialização;

2) A retirada do(s) sócio(s) (pró-labore) é registrada? Ela deve ocorrer sob um valor fixo e realizada uma vez por mês;

3) O patrimônio da empresa é confundido com o patrimônio do(s) sócio(s)?

4) Qual o parâmetro utilizado por sua empresa para planejar as compras? Cadastro de clientes? Giro do estoque? Sazonalidade? Histórico de vendas?

5) Sua empresa realiza controle/registro de seus estoques? Somente a apuração visual não vale;

6) Como ela estabelece seu preço de venda? Por controle apurado dos custos, por comparação no mercado ou por diferenciação?

7) Sua empresa possui fluxo de caixa? Você observa diariamente o movimento de seu caixa? Faz conciliação bancária? Observa periodicamente o extrato das operadoras de cartão de

crédito? Apura o lucro de cada produto ou categoria? Apura o resultado (lucro ou prejuízo) de sua empresa como um todo? Sua empresa conhece seu ponto de equilíbrio?

8) Sua empresa analisa previamente qual a melhor alternativa para se captar dinheiro no mercado? Analisa seus clientes antes de conceder-lhes crédito?

9) Sua empresa possui metas? Se as possui, acompanha frequentemente o seu desenrolar?

10) Quem faz sua contabilidade? É um parceiro confiável? Ele esclarece todas as suas dúvidas nas áreas contábil, fiscal, trabalhista, tributária? Tudo isso faz parte dos controles de uma empresa.

Dessa forma, ganha-se em credibilidade e os negócios surtem melhores efeitos. Implante-os por etapas, compare-os e aja corretivamente se a situação assim exigir.

Invista em um sistema simples e barato de gestão. Ele se pagará rapidamente e te ajudará muito no controle de seu empreendimento.

Lembre-se: o que está em jogo é o futuro de seu negócio. Não poupe esforços para mantê-lo sempre atualizado e vivo no mercado.

39 - O que é direção?

Dirigir é literalmente executar, colocar a mão na massa, fazer acontecer. É o ato de conduzir e coordenar pessoas, bem como os seus esforços para se alcançar objetivos empresariais.

Visa também harmonizar as atividades e os processos do negócio, sincronizando ações, iniciativas para a convergência dos meios aos fins.

Pense na ação de dirigir um automóvel que, guardadas as devidas proporções, equipara-se a dirigir uma empresa. Primeiramente, você precisa saber o que está fazendo, senão colocará em risco a vida de muitas pessoas, inclusive a sua.

Precisa saber dos limites de velocidade, saber trocar as marchas na hora certa, saber ler os instrumentos do painel.

Precisa também saber manter distância dos demais carros e também dos pedestres, não estou certo?

Enfim, para dirigir um automóvel, você necessitará de uma habilitação, já para dirigir uma empresa não, por isso, sem titubear, afirmo: a possibilidade de você se acidentar no comando de uma empresa é bem maior do que você se acidentar na condução de um veículo.

E os danos materiais serão enormes. Para termos uma ideia, os efeitos de uma falência são realmente devastadores e irreversíveis.

Geram dívidas com fornecedores, bancos, financeiras, empregados, governo, acionistas/sócios, proprietários, clientes e às vezes até dívidas com agiotas: Deus nos livre e guarde.

Para minimizar uma situação como essa, só conheço uma forma: devemos buscar continuamente conhecimento, pois todo o mercado é dinâmico e volátil.

Bem, mas voltando ao ambiente empresarial, a direção constitui-se em uma ação efetiva sobre os recursos humanos da empresa e, por isso, muitas vezes utiliza-se da autoridade e o poder como meios de influência.

Os meios de direção variam conforme a maturidade de um grupo ou equipe. Podem se manifestar através de ordens, instruções, normas, procedimentos ou através da comunicação, liderança, motivação; dependendo muito do público a que são destinados.

Caro leitor, entenda o termo "poder" como sendo um potencial para se exercer influência e autoridade, que dá direito a quem o possui de comandar. Algo legal e peculiar a um cargo e/ou uma posição ocupada dentro de uma empresa.

40 - Para que utilizamos uma estratégia empresarial?

A palavra estratégia vem do grego *strategos* e significa literalmente a arte do general, da liderança. A noção de estratégia surgiu da atividade militar desde o tempo do general Sun Tzu há 2.500 anos.

O antigo conceito militar define estratégia como sendo a aplicação de forças em larga escala contra um inimigo. Já o consultor de empresas João Bosco Lodi, define estratégia como a mobilização de todos os recursos da empresa em âmbito geral, visando atingir objetivos a longo prazo.

Em suma, estratégia é proteger-se da concorrência; é agir, reagir e proagir no momento certo, é saber o que fazer, como fazer, onde fazer, para que fazer e, principalmente, o que NÃO fazer em uma determinada situação de mercado, conseguindo assim uma vantagem competitiva perante seus concorrentes.

E competitividade é tudo o que uma empresa procura para obter sucesso, pois aumentando as suas vantagens competitivas, certamente ela aumentará a sua participação no mercado.

Independentemente de sua atuação ou de seu porte, se uma empresa tiver um único concorrente, ela precisará se destacar, se diferenciar para prosperar e permanecer viva na mente e também no coração de seus clientes.

Essa competitividade é a correta adequação das atividades de um negócio que compreendem: o atendimento às necessidades/desejos dos seus clientes, às diferenciações observadas em relação aos seus concorrentes, o bom relacionamento com seus fornecedores e o alto grau de satisfação de seus colaboradores. Ao ponto que podemos afirmar: quanto maior for esse grau de adequação, maior será a sua competitividade e o seu respectivo sucesso.

Dentro desse contexto, a escolha da estratégia competitiva se dá a partir da análise das forças que determinam a concorrência em todo esse ambiente de negócio. O objetivo é conseguir vantagens competitivas valorizadas e percebidas pelos clientes em relação aos concorrentes.

Para isso, é importante que o empresário conheça em detalhes seu negócio, seus pontos fortes e fracos, sabendo quais produtos oferecer, para quais mercados e para que oferecê-los, identificando bem quais são suas atuais vantagens. Uma vez detectadas, sua gestão tem de ser focada no fortalecimento e divulgação dessas vantagens tanto para fora quanto para dentro de sua empresa.

Reduzir custos, principalmente aqueles que não tenham ligações com essas vantagens se torna também um fator preponderante para o êxito dessa empreitada.

Sabemos que o objetivo de uma empresa é alcançar lucro e a receita para isso, segundo uma das maiores autoridades em estratégia competitiva, o Prof. Michael Porter, é combinar maximização de recursos (financeiros, materiais, tecnológicos e humanos) à eliminação de ineficiências, à melhoria da produtividade e do atendimento aos clientes, à qualidade em todos os processos juntamente com as experiências similares que já deram certo no passado.

A tendência é que tudo isso continue dando certo, caro empreendedor.

41 - O que são missão, visão e valores de uma empresa?

Seja uma empresa pequena, média ou grande; nacional ou estrangeira, as definições de missão, visão e valores são de grande importância para a sua permanência em um mercado competitivo, pois não só os clientes, mas também os fornecedores que tendem a fazer negócios com empresas que primam pela ética e a verdade, são transparentes em tudo o que fazem e possuem valores comuns e de fácil identificação.

Missão é uma declaração objetiva de uma empresa onde contém o motivo de sua existência, o que realmente faz e também quais são as suas responsabilidades perante os seus clientes.

Em resumo, a missão de uma empresa deve responder o que se propõe a fazer, como fará e para quem, especificando assim qual sua razão de ser.

Depois de definida, tão importante quanto o seu conteúdo, deve ser sua divulgação, que deve começar no ambiente interno da empresa, tendo como prioridade seus próprios colaboradores, depois passando para os investidores, acionistas, fornecedores e outros credores, bancos/financeiras, clientes e até chegar ao mercado como um todo.

Já a Visão é uma imagem que a empresa possui de seu futuro, algo almejado por todos aqueles que estão envolvidos diretamente com o negócio.

Para uma visão se tornar real e palpável, ela dependerá muito da disponibilidade de recursos, dos esforços das equipes envolvidas e também dos esforços dos indivíduos que fazem parte de seu cotidiano e que estão dispostos a fazer as coisas acontecerem.

O conteúdo de uma visão deve ter muita aspiração e também inspiração, somando-se aí, é claro, muita transpiração para tornar-se concreta. Enfim, uma visão de um determinado negócio deve ser realista, objetiva e possível de ser concretizada.

O enunciado de uma visão deve buscar responder as seguintes perguntas: Onde hoje estamos? O que queremos nos tornar? Qual direção devemos tomar? Quais serão os recursos necessários para que isso se torne uma realidade? Os investimentos nesses recursos levarão a nossa empresa para onde? Qual será nossa imagem/identidade perante nossos clientes, fornecedores e a comunidade em geral? O que estaremos construindo para o futuro?

Os valores são princípios, crenças que norteiam nossos colaboradores na busca por atingir dos objetivos empresariais e, por que não, pessoais. Definem políticas, normas, procedimentos, comportamentos, atitudes e são imutáveis durante toda a vida da empresa. Consistem no cerne de toda a instituição, pois definem as regras de conduta do proprietário, diretor, gerente, até do colaborador mais simples.

Os valores de uma instituição buscam o comprometimento de seus colaboradores entre si, deles com o mercado e a própria comunidade em que estão inseridos para devidamente executarem sua missão na direção contínua de sua visão.

Os conceitos de Missão, Visão e Valores de uma empresa servem prioritariamente para promover a convergência dos recursos humanos, materiais, financeiros e tecnológicos para resultados cada vez melhores em nossos empreendimentos.

42 - Como chegar ao sucesso empresarial? Só identificar uma oportunidade basta?

A identificação de uma oportunidade é só uma das três etapas para a obtenção do sucesso empresarial. Juntamente com ela, estão o desenvolvimento do conceito do negócio e a implementação do empreendimento propriamente dito.

Para uma identificação de oportunidade, o empreendedor tem de estar predisposto a procurá-la e aprender a observar e avaliar possíveis negócios.

Ele deve ter um olho treinado para isso, na verdade um olho clínico, buscando nos detalhes algo diferente, inovador e que tenha aceitação comercial, pois seus esforços de nada valerão se o seu negócio não gerar posteriormente uma demanda significativa. Demanda, por sinal é a procura por determinado produto e/ou serviço.

Na realidade, as empresas existem para atender a essas demandas geradas pelas várias necessidades dos seres humanos. As relações entre as necessidades e as demandas resultam no consumo de produtos e serviços, e isso em contrapartida culmina em várias oportunidades de negócio.

De forma bem prática, essas oportunidades são decorrentes da identificação dessas próprias necessidades, da observação de deficiências e tendências de mercado.

São frutos também de experiências profissionais vivenciadas pelo próprio empreendedor. Hobbies, modismo ou até mesmo imitação do sucesso de algum concorrente.

Uma ótima oportunidade pode ser comparada a um cavalo branco (selvagem) cavalgando livremente por um campo sem fronteiras. Lindo com uma crina exuberante, mas indomável. Por ser selvagem, a possibilidade de ele nunca cavalgar perto de você será muito grande, mas se isso por ventura acontecer, saiba de uma coisa: esteja preparado, pois tenho certeza que essa oportunidade será única. Se isso ocorrer, mesmo sem cela, você deverá agarrá-lo com todas as suas forças, tomando o cuidado para que num eventual descuido você não leve um coice e assim se desmotive.

O desenvolvimento do conceito do negócio também é uma etapa importante para se chegar ao sucesso. O empreendedor precisa ordenar todas as informações que até então possui em um conceito, que deve descrever claramente as necessidades de seu público-alvo e como elas serão atendidas com os produtos e serviços que sua empresa sabe fazer, a um custo que seus clientes (atuais e potenciais) estão dispostos a pagar.

A definição correta desse conceito aproximará fornecedores, clientes, empresas e será um dos grandes norteadores para se alcançar o tão almejado sucesso.

Não podemos aqui esquecer de mencionar os possíveis riscos de um empreendimento. Problemas com o retorno sobre o investimento, preços, custos de produção e operação, legislação, obsolescência, distribuição e também de ordem pessoal que podem influenciar no ciclo de vida do empreendimento.

E, por fim, a etapa da implementação que consiste na execução das anteriores. É quando tudo o que foi pensado e planejado se torna concreto e a partir daí, a empresa começa a funcionar efetivamente, buscando cobrir seus investimentos iniciais, gerando resultados positivos em sua operação.

43 - Qual a importância da força e das técnicas de venda? (parte 1)

Uma empresa não consegue prosperar se não vender seus produtos e serviços. As receitas só surgirão para pagar as despesas e gerar lucro se houver realmente uma iniciativa por detrás. Uma força que fará mover a operação da empresa.

E para ser vencedora precisará se utilizar de técnicas para conseguir transpor obstáculos, metas. Estou me referindo à força de vendas e às suas respectivas técnicas. A organização da força de vendas se dá inicialmente pela escolha adequada de seus vendedores. Esse grupo de colaboradores deve estar permanentemente motivado e treinado, pois eles serão seus verdadeiros representantes em diversas negociações.

Um vendedor tem a importante missão de detectar previamente as necessidades de seu cliente e demonstar como o seu produto/serviço poderá atendê-lo. Tem também que fechar efetivamente a venda e depois construir um relacionamento sólido e duradouro com o mesmo para assim gerar novas vendas (pós-vendas).

A palavra técnica pode ser entendida como sendo um conjunto de procedimentos que visa atingir a um determinado resultado. É algo que nós criamos, copiamos e aprimoramos, de acordo com as nossas necessidades, desejos e o ambiente em que estamos inseridos.

Um exemplo disso seria andar de bicicleta. Ninguém nasce sabendo, mas com o passar do tempo aprende, desenvolve e aprimora uma maneira muitas vezes peculiar de andar nesse brinquedo que posteriormente se tornará um meio de transporte. Assim, podemos observar que nossa maneira inicial de andar (na época de criança) difere muito da maneira que hoje andamos. A prática realmente faz o monge. Mesmo uma empresa possuindo uma excelente equipe de vendedores, isso não lhe garante sucesso em suas vendas. O ato de vender é considerado por muitos uma ciência e para outros uma arte. Para se vender algo é necessário muita empatia, conhecimento, e também envolvimento tanto com o produto quanto com o cliente. Mas quais são os passos que devemos seguir para realizarmos uma venda bem feita? Eles são sete:

1) conhecimento prévio do produto;

2) pesquisa;

3) abordagem e levantamento de necessidades e desejos;

4) apresentação do produto;

5) as temíveis objeções;

6) o fechamento propriamento dito;

7) o pós-venda.

44 - Qual a importância da força e das técnicas de venda? (parte 2)

Caro leitor, dando continuidade ao assunto vendas, explicarei os sete passos que devemos seguir para realizarmos uma venda bem feita.

1) Conhecimento prévio do produto: conhecer o produto, suas características e benefícios é um fator essencial para a realização de uma boa venda.

Somente assim, poderemos atender ao cliente em suas necessidades, oferecendo-lhe soluções úteis para os seus problemas.

2) Pesquisa: consiste em identificar os clientes potenciais através de uma investigação minuciosa de seus hábitos e preferências, partindo do princípio que um cliente em potencial é uma pessoa com quem você estabelecerá uma relação cordial.

3) Abordagem e levantamento de necessidades e desejos: essa é a hora da verdade onde você deve se aproximar do cliente para oferecer-lhe ajuda.

Dessa forma, o cliente sentirá em você confiança. Sua intuição será primordial, caro leitor. Faça perguntas abertas.

Saiba ouvir e saiba se expressar, demonstrando claramente seu nível de autoconfiança, sensibilidade, respeito, interesse e segurança.

Esse, sem sombra de dúvida, será o início de uma relação frutuosa com seu cliente e o deixará envolvido ativamente no processo de venda.

Vale frisar: sempre preocupe-se com sua aparência, postura profissional e o seu falar e, ao se aproximar do cliente, esqueça qualquer tipo de preconceito, tratando a todos com a mesma consideração e respeito.

4) Apresentação do produto: seja honesto ao ofertar. Jamais invente alguma característica ou benefício.

Adapte cada característica de seu produto a um benefício, tornando-o suficientemente desejável. Seja criativo.

5) As objeções: deixe o cliente se expressar. Escute com respeito suas contrariedades para somente depois explicar pausadamente seus benefícios. Apresente valor ao invés de preço. Reforce a qualidade de seus produtos e serviços.

6) O fechamento: respire, faça tudo com muita calma. Peça os documentos necessários para fechar a venda sem transparecer muita ansiedade, mas também vibre com essa conquista, pois afinal, você conseguiu, parabéns!

7) O pós-venda: mantenha contato frequente com esse cliente para que essa transação se transforme em um relacionamento duradouro.

Peça indicações de novos clientes e tenha certeza de uma coisa: seu trabalho frutificará graças ao seu empenho, honestidade e entusiasmo. Pode acreditar.

45 - O que é negociação?

Nossa vida é cercada por negociações. Negociamos a todo momento com fornecedores, clientes, colaboradores, governo e por que não, guardadas as devidas proporções, com os nossos filhos e a nossa própria família.

No ambiente empresarial, negociar é uma arte que busca na relação com o outro um acordo para atender às necessidades alheias.

Para chegarmos a bons resultados, esse processo necessita de um bom planejamento, principalmente quando se refere ao ambiente onde essa negociação se realizará. Esse ambiente, em via de regra, deve ser acolhedor, de preferência já conhecido pelas partes, ter uma boa acústica e vários lugares à disposição.

Só um lembrete: nunca vá sozinho a uma negociação. Estar acompanhado, além de passar uma maior credibilidade, também reforça posições, trazendo um certo equilíbrio para os opostos. Em uma mesa de negociação, o conhecimento é decisivo. Conhecer previamente o assunto que será abordado e a(s) pessoa(s) com quem você negociará interferirão positivamente no resultado de sua negociação.

Negociar também é considerado uma técnica e, por isso, exige muito treinamento. Exige saber ouvir ativamente, falar com ponderação, coletar/garimpar/organizar as informações úteis, entender as entrelinhas, desvendar gestos, interesses e valores que estimulam ou desestimulam o outro negociador.

O respeito e a honestidade são ingredientes fundamentais

para um bom relacionamento comercial e até pessoal entre as partes. Além disso, um bom negociador deve saber se vestir, administrar bem o seu tempo e os possíveis conflitos e principalmente, possuir empatia por quem está sentado do outro lado da mesa.

Negociar hoje não é mais como no passado: o parceiro de negócios era considerado um inimigo pronto para te aniquilar. Atualmente negociar é construir acordos, relacionamentos que perdurem. Afinal, todos têm de ganhar. Para isso, precisamos constatemente procurar os interesses comuns que permeiam uma negociação, e só se consegue achar esses interesses se o negociador for hábil no perguntar e também no ouvir.

Fazer as perguntas certas na hora certa, sejam elas abertas ou fechadas, focando os interesses e não as posições, é um talento que poucos possuem, como também saber resolver conflitos que são normais em qualquer negociação.

Conflito é um impasse, uma colisão resultante de uma adversidade que traz desarmonia, frustração, desconforto em primeiro momento, mas se bem administrado, pode gerar um crescimento mútuo.

Diante de um conflito, às vezes é melhor colocar uma noite entre dois dias, ou seja, peça um tempo e respire; se for o caso, continue negociando somente no dia seguinte quando os ânimos não mais estiverem exaltados, em via de regra.

O bom negociador trabalha nessa vertente: entender bem as necessidades do outro como também suas limitações, posições e interesses para tratar as possíveis objeções e conflitos de forma respeitosa e eficaz, buscando convergir todos os seus esforços para um acordo duradouro e proveitoso entre as partes.

Somente assim os frutos de suas negociações perdurarão.

Não pense só em você, pense também no outro quando o assunto for negócios, pois ninguém consegue vencer sozinho, por mais forte ou ágil que seja.

O grande só permanecerá grande se estiver rodeado de bons parceiros de negócios, muitas vezes pequenos. E o pequeno, só se tornará grande um dia, se souber fechar bons negócios e também boas parcerias.

46 - A importância do relacionamento com o cliente

Todos nós sabemos que uma empresa tem por objetivo principal atender aos seus clientes, buscando um relacionamento sincero, duradouro e verdadeiro com eles. E para isso, a empresa precisa mudar constantemente.

Relacionar-se diz respeito a um processo que contempla duas ou mais partes, visando um ganho mútuo. Relacionamento é compromisso. Esse processo deve ser formado de vários momentos mágicos, de várias experiências positivas que marcam todos os envolvidos.

Toda empresa deve conhecer profundamente seus clientes e encantá-los. Cada um conforme seu nível de exigência. Repito: encantar é preciso.

Ouvir ativamente o cliente também é muito importante para se conseguir personalizar um atendimento ou até mesmo um simples diálogo onde chamá-lo pelo nome já fará uma grande diferença. Precisamos sempre saber diferenciar os valores das necessidades e não confiar tanto nas aparências.

Devemos nos antecipar às suas necessidades, demonstrando empatia em todas as situações. Empatia é colocar-se no lugar do outro para assim conseguir resolver um problema enxergando-o pelo ângulo do outro.

Muitas empresas investem pesadamente para conseguirem que seu foco seja o cliente, mas ao primeiro contato com um problema, na realidade, jogam fogo no cliente, querendo vê-lo bem afastado. Isso é uma grande incoerência.

Para conseguirmos fazer com que o nosso foco esteja sobre o cliente, é necessário primeiramente saber gerenciar suas expectativas, ou seja, ir além do usual.

Apresentar respostas ou soluções que atendam o cliente consiste em proporcionar benefícios para ele, sem prejuízos para a sua própria empresa. Contudo o que acontece é totalmente o inverso.

Observe um atendimento telefônico. Muitas vezes o cliente fica como uma bolinha de pingue-pongue, jogada daqui para lá num verdadeiro jogo de empurra-empurra, a reação dos funcionários perante um problema usualmente é a de expelí-lo para longe deles. Isso pode acarretar diversos danos.

Grave uma coisa: toda solicitação, seja ela interna ou externa, verbalizada ou por escrito, deve gerar um compromisso para a empresa como um todo.

Existe uma grande diferença entre atendimento e relacionamento. Quando você atende a uma solicitação, você tenta resolver um problema, uma ansiedade e uma vez resolvidos, não mais se fala nisso e ponto final. Já relacionar-se exige um grau de envolvimento muito maior, duradouro e verdadeiro.

Mas como conseguimos informações valiosas para nos relacionar com os nossos atuais e futuros clientes de forma assertiva?

Primeiro adquirindo um sistema de informática simples e barato, depois realizando registros de seus dados pessoais, registros de seus perfis e preferências e mantendo-os atualizados; possuindo o histórico de compras desses clientes; proporcionando acesso dessas informações a nossa equipe; realizando um pós-venda periodicamente para se ter certeza da satisfação de seu cliente; divulgando promoções através da internet, jornais de bairro ou mesmo dentro de sua própria empresa; utilizando o telefone, o correio, e-mail, sites de relacionamentos, mensagens de celular para divulgar novos produtos e serviços, e principalmente conversando sempre frente a frente com seu cliente, pedindo sugestões e indicações de novos clientes. Isso sim é relacionamento.

47 - Você sabe o que é responsabilidade social empresarial?

Caro leitor, o que é ser responsável? O termo responsabilidade social está intimamente ligado a uma palavra tão importante quanto ele mesmo – envolvimento.

Só é responsável socialmente quem responde por seus próprios atos, tem consciência disso e se reconhece envolvido com alguém ou com alguma coisa para o bem comum.

Envolver-se é fazer parte, é reconhecer-se parte, é participar da vida do outro, é preocupar-se com a coletividade e com os impactos resultantes dessas relações sociais (familiares, profissionais, comerciais).

Envolvimento gera compromisso. Os pais são um bom exemplo disso. Todos nós sabemos que os pais são legalmente responsáveis pela criação e educação de seus filhos, principalmente quando ainda menores, e que em suas relações de amor e responsabilidade extrapolam o que simplesmente as leis determinam.

Ser responsável por seus filhos não causa nos pais qualquer peso ou desconforto ao ponto deles um dia virem a cobrar isso de seus próprios filhos, muito pelo contrário, gera um sentimento de gratidão pela confiança neles depositada. Pais e filhos possuem uma relação de sangue, de responsabilidade mútua, de envolvimento, afinal constituem uma família.

Guardadas as devidas proporções, no meio empresarial não pode ser diferente. Todos nós fazemos parte de diversas comunidades, muitas delas virtuais, as chamadas redes de relacionamentos, e de uma mesma sociedade, portanto devemos zelar para que as nossas relações não as impactem negativamente. Somos então, socialmente envolvidos. As empresas também. Relacionam-se com seus fornecedores, clientes, governo, agências reguladoras e com seus próprios colaboradores. E essas relações devem ser as mais transparentes e éticas possíveis. A responsabilidade de uma empresa para com seus parceiros (incluem-se aqui os consumidores) de tempos para cá se tornou um fator de competitividade, pois suas decisões influenciam diretamente o bem-estar de toda uma sociedade.

Fabricar um simples produto, por exemplo, demanda matéria-prima e faz gerar diversas poluições (barulho, dejetos químicos/físicos, fumaça) em sua transformação, sem contar os gastos com combústiveis, muito deles não renováveis e altamente poluentes. Mas não para por aí. Esse mesmo produto após ser consumido gera também outros dejetos (orgânicos e inorgânicos) que impactam negativamente em nosso meio ambiente. Metais ferrosos, plásticos, gases e líquidos químicos que contaminam solos e lençóis freáticos demoram muitas vezes séculos para serem absorvidos pela própria natureza. É o homem do mundo das facilidades, limitando a sua própria existência, esquecendo que todos os recursos disponíveis são finitos, temporais.

A sociedade pensando em sua própria sobrevivência está aos poucos desprezando as empresas que não estão compromissadas com o meio ambiente.

E a mídia no exercício de sua função ajuda a divulgar quais delas não são responsáveis e pensam somente no lucro.

A verdade é uma só: grande parte de nossa sociedade não aceita mais desperdícios, excesso de lixo, dejetos, apesar de ainda ser altamente consumista; dá para entender? A prática distante mais uma vez da teoria. É o marketing em seu eterno combate com a sustentabilidade, biodegradabilidade e outros diversos interesses. Enfim, precisamos aprender a consumir conscientemente, de forma equilibrada e organizada para sobrevivermos com qualidade, poupando assim o nosso tão querido, mas esquecido planeta Terra; essa é a nossa única saída. A nossa e a das gerações que ainda virão, pois o ser humano muitas vezes em busca do lucro, esquece-se que faz parte de uma mesma espécie, de um mesmo gênero e por que não de uma mesma família (sei que ainda estamos longe desse ideal).

Diante desse contexto, o empreendedor precisa se esforçar para enxergar o todo, o coletivo, pois o seu negócio em particular faz parte, como vimos, de um ambiente bem maior que interfere e sofre interferência a todo momento.

Suas decisões e transações precisam estar pautadas na ética e nos valores, começando pela escolha correta de seus parceiros de negócios que deverão comungar dos mesmos princípios e respeitar os públicos com quem interagem. Isso, sem sombra de dúvida proporcionará uma vida longa a ele empreendedor, à sua família, aos seus negócios e à toda sociedade. Comecemos por fazer a nossa parte.

48 - A importância do seguro empresarial

Toda empresa (pessoa jurídica) é constituída por pessoas (pessoa física) que se tornaram sócias, proprietárias e/ou acionistas e investiram seu patrimônio, seu dinheiro, bens, imóveis e seu tempo na esperança de obterem resultados positivos.

Muitas vezes, esses patrimônios são frutos de uma vida toda de trabalho. Para abrirem uma empresa, esses empreendedores assumem diversos riscos em cenários de incerteza e turbulência. Em contrapartida, a empresa também assume diversos compromissos e desafios para efetivar sua operação em um determinado mercado.

A ideia de seguro surge justamente desse contexto onde todos esses patrimônios necessitam de proteção perante as várias fatalidades da vida.

Os seguros conhecidos como não-vida, tratam da preservação/manutenção desses bens que possuem valor de mercado. Proporcionam uma maior proteção aos negócios, repassando tranquilidade aos seus colaboradores, fornecedores e clientes.

Um sinistro de roubo, por exemplo, pode trazer grandes prejuízos para uma pequena empresa, pode significar a sua falência.

Especificamente, um seguro empresarial visa proteger os imóveis, os bens e a operação de um negócio. Esse seguro pode ser direcionado à indústria, ao comércio e/ou prestação de serviços. Suas coberturas protegem o maquinário, equipamentos, móveis, estoques, instalações e são adaptadas de acordo com a necessidade do empreendimento.

Seguro do imóvel, lucros cessantes, roubo de valores, vendaval, furacão, ciclone, tornado, granizo, danos elétricos, incêndio, raio, explosão, responsabilidade civil de operações, impacto de veículos terrestres, queda de aeronaves são algumas das coberturas passíveis de contratação.

Não deixe que seu patrimônio fique descoberto, pois as surpresas poderão ser desagradáveis. Peça o quanto antes uma cotação sem compromisso a uma seguradora, mas sempre esteja representado por um corretor de seguros, habilitado com a SUSEP em dia.

Somente esse profissional poderá ajudá-lo na contratação das coberturas mais adequadas ao seu negócio, na explanação dos termos técnicos de uma proposta ou apólice será o seu anjo da guarda na hora de um possível infortúnio. Isso fará toda a diferença.

49 - O Código de Defesa do Consumidor

Quando sua empresa produz e vende algum produto ou serviço, ou mesmo revende alguma mercadoria para algum cliente que paga por ela, consideramos essa transação como sendo uma relação de consumo.

Em uma relação de consumo podemos observar basicamente três fatores que a caracterizam: o produto/serviço, o fornecedor e, por fim, o próprio consumidor.

Produto é um bem oferecido para atender às necessidades de quem o adquire e/ou consome; serviço é algo intangível (sem estrutura física) que você paga para ser feito; fornecedor, pode ser uma pessoa física ou uma empresa, que produz, monta, adapta, revende, distribui, importa, exporta, enfim, que oferece um determinado produto/serviço a alguém que tenha interesse por ele, e consumidor é qualquer pessoa que adquire um produto ou contrata um serviço.

Veja caro empreendedor, o quanto isso impacta no dia a dia de seus negócios, seja você dono de uma pequena indústria, de um comércio ou mesmo de uma empresa de serviços. Você precisa conhecer bem a legislação para não cometer nenhum delito, mesmo que involutário, por isso preste muita atenção.

A lei que trata dessas relações é a de nº 8.078 que entrou em vigor a partir de março de 1991 e ficou conhecida como: Código de Defesa do Consumidor.

O fato é que antes de sua promulgação, o mercado era impiedoso com seus consumidores. Nenhuma lei os protegia, deixando a cargo do próprio vendedor a definição sobre a troca ou não de um produto defeituoso. Para termos uma ideia dessa gravidade, o consumidor não tinha a quem recorrer e muito menos a quem reclamar.

Nessa época, as más empresas cometiam abusos, usando de seu poder até para intimidar clientes, que apesar de reclamarem, acabavam arcando com o prejuízo. Era um total desrespeito.

Com a criação do Código de Defesa do Consumidor e seus respectivos órgãos como IDEC, Procon, Proteste, as coisas realmente melhoraram, pois a educação para o consumo se propagou, repassando aos cidadãos informações valiosas sobre como agir quando adquirissem um determinado produto ou serviço. Hoje, praticamente todos os brasileiros conhecem seus direitos e também as entidades que os defendem.

Isso fez com que grande parte das empresas mudassem rapidamente, melhorando a qualidade de seus produtos, serviços e principalmente os seus canais de atendimento ao consumidor. Todos ganharam.

As empresas que souberam interpretar esse novo cenário como uma grande oportunidade e foram proativas nesse novo momento, conseguiram fortalecer e ampliar sua posição de mercado, afinal entenderam que investir em atendimento sempre dá um excelente retorno, mesmo que a médio e longo prazos.

As outras que não se anteciparam, optando por uma posição de defesa, aguardando passivamente os reflexos e a acomodação do mercado perante essa nova legislação, certamente erraram em sua estratégia; ou já faliram ou até hoje ainda colhem os frutos podres dessa corajosa mas fracassada opção pela sua área de conforto.

Está comprovado que nenhum empreendimento consegue se manter vivo sem um bom relacionamento com os seus clientes.

Ouvi-los e respeitá-los é a tarefa de casa de qualquer administrador consciente, pois sem demanda não conseguimos cobrir nossos custos e despesas. Sem parcerias não conseguimos nos manter por muito tempo no mercado. Sem respeito não conseguimos fechar bons negócios, pois em tudo devemos priorizar a ética e a transparência.

Você sabia que as vítimas de acidentes causados por produtos defeituosos, mesmo que não sejam elas que os adquiriram e as pessoas que foram expostas à publicidade enganosa ou abusiva são, pelo Código de Defesa do Consumidor, consideradas lesadas e podem ser ressarcidas por isso? Se não sabia, cuidado. Busque mais informações.

Observe como você está se comunicando com o seu consumidor. Seja claro em suas intenções. Não crie caso para trocar um simples produto. Sabemos que alguns clientes são de difícil relacionamento e querem levar vantagem em tudo, mas a imagem de seu negócio não vale mais do que isso? Avalie bem antes de tomar qualquer decisão.

Não discuta por algo que é apresentado de forma clara na lei. Não vale a pena, pode confiar. A legislação está aí e é para ser seguida, à risca.

Só mais um conselho: compre o quanto antes um livro ou apostila do Código de Defesa do Consumidor para mantê-lo sempre à mão. Leia-o frequentemente e deixe-o também à disposição de seus clientes. Isso inclusive recentemente virou lei, uma obrigação para o empreendedor. Essa atitude ajudará você solucionar muitas de suas dúvidas e também irá protegê--lo de muitos contratempos.

50 - Recado de um pai, amigo, irmão, filho, esposo, professor e consultor de empresas a um empreendedor

Caro leitor, não utilize o marketing indevidamente. Esse é um conselho de quem muitas vezes observa a selvageria que essa ferramenta, se mal utilizada, pode causar nas pessoas, nas famílias e na sociedade como um todo. Observe alguns exemplos e depois tire suas próprias conclusões.

Na busca sem limites pelo sucesso empresarial, alguns empreendedores acabam por se envolver em situações muito embaraçosas. Fique alerta! Quando a necessidade pelo aumento do faturamento, pelo incremento nas vendas se colocarem acima da missão, da visão e principalmente dos valores de uma empresa e/ou dos indivíduos que a compõem e se relacionam com ela, tome muito cuidado.

Está na hora de parar, rever conceitos, valores e também repensar os impactos que seu negócio vem causando. Nesse estágio, o marketing pode ser a vacina para a cura ou simplesmente acelerar a doença que se tornará irremediável. Por isso, mais uma vez, cuidado!

Já falamos muito neste livro sobre o marketing e como efetivamente praticá-lo. Só para retomarmos um pouco: uma definição simples de Marketing, mas nem por isso menos importante que as demais, é atender às necessidades e desejos dos clientes de forma lucrativa. E que a principal finalidade dessa ferramenta de gestão é conhecer as preferências e os hábitos dos consumidores, para assim traçar meios para atendê-los da melhor forma possível.

Popularmente podemos falar que seria juntar a fome com a vontade de comer, fazendo assim o comensal se interessar várias vezes por satisfazer-se; mas cuidado com as indigestões...

O êxito de uma iniciativa de Marketing pode ser mensurado pelo impacto direto nas vendas observadas em um determinado período. Mas, e quando o marketing não só atende, mas cria necessidades em seu público, em sua opinião, isso é correto? Como o empresário deve agir diante dessa situação?

A literatura acadêmica já falou bastante, na realidade esgotou o tema sobre a importância do cliente para a sobrevivência de um empreendimento.

É mandatório que o empreendedor exercite e consiga enxergar seu negócio pela visão de seu cliente e através dela, buscar satisfazer seus anseios plenamente.

Encantar é a meta almejada, mas será que o cliente e/ou consumidor está realmente no centro de todo esse processo e suas escolhas tem um grande peso nas decisões das empresas? Em muitos casos, não seria justamente o contrário? Preste atenção nas observações que farei a seguir.

Quero aproveitar e deixar claro que minha intenção com esse artigo não é depreciar os conceitos de marketing já mundialmente conhecidos e, muito menos, colocar em xeque seus pensadores e profissionais, mesmo porque já é comprovado cientificamente que o marketing é um processo social de suma importância para todas as empresas e seus integrantes;

mas sim quero aqui expor a selvageria que ele representa se mal utilizado.

E você, caro empreendedor, nesse contexto pode ser uma peça-chave para reverter essa situação, algo de extrema importância em minha opinião.

Vamos então continuar a nossa conversa. Do segundo semestre de 2008 em diante, só ouvimos falar da crise financeira, quebra de bancos americanos, conflito entre os valores contábeis e os do mercado, bolha financeira, alteração de leis contábeis, necessidade de transparência na apresentação e publicação de balanços patrimoniais, necessidade de fortalecimento dos mercados internos, financiamento do setor privado pelo público, facilidades para consumir e para assim fazer girar a economia e gerar riqueza e renda; mas de tudo isso, o que realmente nos importa?

Se pararmos para pensar, chegaremos à conclusão que somos cruelmente bombardeados dia a dia pelas propagandas, promoções de vendas que agem em nosso subconsciente, criando mais e mais necessidades para um consumo, digamos, sem fundamento.

A mensagem de ordem é consumir, sem muitas vezes necessitar. E não necessitando, a próxima etapa é estocar. Estocar em espaços cada vez mais caros e escassos. Tornamo-nos especialistas em entulhar coisas que não utilizamos. Papéis, panos, embalagens, plásticos, velharias em geral. Produtos que utilizamos pouco ou nem utilizamos, para falar a verdade, mas que já os consideramos velhos. Essa é a era dos descartáveis. Descartamos tudo o que não nos interessa mais: roupas (pretexto: fora de moda), carros (pretexto: sem ar-condicionado e vidros elétricos), amizades, pessoas. Essa é a pura realidade.

Somos doidos por promoções e ofertas, mesmo que não as utilizemos posteriormente. Não se sabe o dia de amanhã, não é verdade?

Estamos no século XXI, mas ainda nossos comportamentos inúmeras vezes nos remetem à época do pós-guerra, onde a demanda por diversos produtos e serviços era reprimida. Tempos esses bem difíceis, você não acha? Diante desse contexto, podemos afirmar sem medo de errar que não somos os verdadeiros sujeitos de todo esse processo. Em muitas situações, somente recebemos o impacto de decisões tomadas por alguns poucos, cabendo a nós somente nos adaptarmos.

Será que necessitamos de todos esses produtos e serviços que nos oferecem? É simples. Abra seu armário e veja quantos pares de sapato você tem? Você precisa de todos? Pense direito; após alguma compra, ao chegar em casa se arrependeu pela aquisição de determinado produto devido a quantidade que já tinha? Será que não tem aí um dedinho do marketing? E o empresário também não tem aí a sua porcentagem de culpa?

Em um mundo globalizado, a oferta de produtos e serviços aumentou assustadoramente de alguns anos para cá. As nossas necessidades mudaram e a vida útil dos produtos diminuiu significativamente, aumentando assim os resíduos, os dejetos. Assim como a oferta, a facilidade de aquisição também alterou nosso comportamento de compra. Tudo agora está à nossa disposição por um clique em um mundo hoje considerado interligado e sem fronteiras.

Compramos praticamente de tudo pela internet e no mais tardar em 48 horas a mercadoria está à nossa porta. Isso nos tornou mais acomodados, imediatistas e de certa forma mais exigentes. Os fatores tempo e espaço nunca foram tão valorizados em nossa vida. Os comércios virtuais fizeram com que as grandes lojas de departamentos ficassem abertas 24 horas de segunda a segunda, somente aguardando nosso acesso e a confirmação da compra.

O local que é um dos 4Ps de marketing (ponto, praça) sofreu uma mudança drástica na composição de qualquer negócio, pois agora para vender nem sempre é necessário termos um espaço físico, uma loja, um endereço. Precisamos somente nos preocuprar com a distribuição dessas mercadorias.

Ninguém mais pensa em pegar um ônibus para fazer compras no centro da cidade. O tempo que ele demora para chegar no ponto e depois se deslocar ao seu destino, faz com que cada vez mais pessoas adquiram mercadorias na própria região de sua residência ou mesmo sem sair de suas casas. A comodidade veio para ficar. E com isso, as pessoas hoje se tornaram mais individualistas. Querem sua própria TV, seu próprio MP3, sua própria casa, quarto, seu próprio carro mesmo que ele seja adquirido em 72 parcelas. O individualismo aumenta o consumo, os gastos com combustíveis e consequentemente os níveis de poluição, sem contar os imensos congestionamentos.

É necessário fazer a economia girar e a facilidade/acessibilidade estão acima de tudo nos tempos de hoje, mesmo que seus efeitos depois pesem irreversivelmente sobre o coletivo. Não é verdade?

Não faz muito tempo, fui para São Paulo participar de um curso e, como cheguei atrasado ao Terminal Rodoviário Tietê (devido a um gigantesco congestionamento), resolvi pegar um taxi. Conversando com o taxista sobre assuntos diversos, nos deparamos com uma situação interessante: trânsito parado, carros e motos disputando espaço palmo a palmo, buzinas a berrar e vários veículos com uma única pessoa em seu interior, ou seja, somente com seu condutor. Isso mesmo, repito, com uma única pessoa. Veja aonde chegamos.

Observando melhor, não foi difícil levantar quais as razões para se ter tantos carros parados em uma das principais avenidas de São Paulo naquele horário.

Reclamamos da falta de políticas públicas, da má gestão do poder público e da conservação precária dos transportes coletivos, mas não fazemos nossa parte. Somos totalmente egoístas ao ponto de optarmos, todos os dias da semana, sairmos sozinhos com os nossos veículos. Perdemos assim um tempo precioso de nossas vidas nos congestionamentos, ao invés de formarmos grupos e criarmos antecipadamente rotas para utilização eficaz de nossos veículos.

Nosso individualismo chegou a esse ponto e o marketing se utiliza disso para criar e inovar. Essa sede por fabricar cada vez mais bens, produtos, serviços e buscar novos consumidores (mesmo sem condições financeiras) passa pela cabeça de um famigerado empresário que só pensa em seu bem-estar. Por isso, diante desse contexto, eu me vejo no dever de informá-lo, caro empreendedor, sobre esse possível perigo.

Você hoje é pequeno, mas amanhã, tenho certeza de que se tornará um grande empresário e esses questionamentos devem constantemente fazer parte de seu cotidiano. Hoje e sempre. Pense desde já na responsabilidade que você tem dentro de todo esse processo.

Outro assunto interessante para abordarmos é a história do controle remoto. Com a sua criação, ele realmente facilitou muito as nossas vidas, nos dando o "verdadeiro poder" de escolha sem a eminente necessidade de locomoção, porém com isso nos tornou mais obesos, preguiçosos e vulneráveis.

Não é difícil você ir a casa de amigos e ver que em cada cômodo existe uma televisão, inclusive na cozinha e se brincar um pouco, até no banheiro. As pessoas se isolam dentro dos quartos, às vezes até assistindo a mesma programação, mas cada um do seu modo, justificam. E pasmem: existem pessoas que assistem até 3 programas ao mesmo tempo. Será que realmente elas conseguem?

Podemos observar que as nossas refeições não são mais realizadas na cozinha, ou se preferirem, na copa; elas são feitas em frente a televisão. A sala não mais é utilizada para conversas prazeirosas, agora tornou-se um cômodo à parte, assim como a própria cozinha que me faz lembrar de momentos de minha infância na casa de meus avós com toda a família reunida à beira de um fogão, uma máquina de macarrão e um tacho de água borbulhante. A refeição era preparada na hora, com muitas risadas e empenho de todos os familiares.

Para termos uma ideia: É difícil encontrarmos hoje mesas de jantar de 6, 8 lugares. Temos sim mesas pequenas com banquetas que são colocadas estrategicamente em alguns espaços de nossas residências.

E mais um motivo: Nossas famílias estão menores, mas também há aí uma desvalorização da importância das refeições realizadas em família. Engraçado a TV de hoje ter 42, 50,

60 polegadas e as mesas para refeições terem no máximo 2, 3 lugares.

Ainda nesse assunto, pela correria do dia a dia, esquecemos da sacralidade das refeições. Desaprendemos até a agradecer o alimento que comemos, ou melhor, engolimos, porque muitas vezes, nem tempo para mastigá-lo temos.

Hoje podemos dizer que nos alimentamos bem melhor que nossos antepassados pelas opções disponíveis, mas ao mesmo tempo, podemos afirmar que não nos nutrimos devidamente, aumentando assim a probabilidade de sermos acometidos por doenças cardíacas e neurológicas. A quantidade se sobressai à qualidade e, como isso, o número de obesos continua a aumentar. As refeições prontas se tornaram nossas preferidas pela praticidade que proporcionam, mas com isso seus níveis de gordura e açúcares também aumentaram, sem contar os seus conservantes.

Não temos tempo mais para nada. Precisamos trabalhar, trabalhar e trabalhar. A educação de nossos filhos já repassamos à responsabilidade das escolas e consequentemente aos professores. A elaboração de nossas refeições trocamos pela comodidade e rapidez das comidas industrializadas. Dessa forma, aonde iremos parar? Nossas necessidades mudam de época para época e o marketing oportunista utiliza-se dessa volatilidade para lucrar.

Somos cada vez mais cobrados pelas organizações que criamos, desenvolvemos e também mantemos. Somos na realidade escravizados pelas exigências do mundo moderno.

Perdemos horas e horas de sono que nunca mais serão repostas, para simplesmente trabalharmos e sermos considerados "os verdadeiros vencedores". Justificamos que assim nos tornamos mais produtivos e, dessa forma, conseguiremos realizar nossos sonhos e dar aos nossos filhos um futuro melhor, um futuro que não tivemos. Essa é a nossa eterna desculpa. Será que isso compensa? A verdade é somente uma: No mundo em que vivemos, somos valorizados por aquilo que produzimos. Vivemos sob metas que são muitas vezes inalcansáveis. E para quem não as supera, nossa sociedade se demonstra cruel, o classificando abertamente como um perdedor. E o ser humano, onde fica em tudo isso?

Veja: quando o marketing dá as mãos para o capitalismo selvagem, os resultados sempre são desastrosos e irreversíveis. Criamos tantas necessidades que para satisfazê-las, nossas esposas precisaram entrar no mercado de trabalho. E para se manterem nesse mercado, precisaram se qualificar e de tão bem que fizeram, retiraram muitos postos de trabalho de arrimos de família.

O nosso sucesso está se voltando contra nós mesmos. Somos cada vez mais imediatistas e também consumistas. E isso está nos sufocando, nos matando pouco a pouco.

Você já observou que sempre no início do mês, chega em sua casa uma revista de compras? Com uma ótima qualidade gráfica justamente para você não arremessá-la de imediato no lixo, ela acompanha você em sua casa por diversos meses. Pode observar que ela apresenta em evidência vários produtos em promoção, mas se a observarmos bem, veremos que seus preços são bem acima dos praticados em outras lojas. Observe bem isso.

Basta estar deitado no sofá em um final de semana que você a pega para ler e sem perceber, folheando suas páginas, acaba se interessando por um de seus produtos. Parece até um imã, pode observar. As palavras promoção e oferta saltam a nossos olhos. Moral da história: Muitas vezes, sem nenhuma necessidade, você acaba comprando uma mercadoria que será utilizada uma única vez e depois ela acaba no famoso quartinho da bagunça. É ou não é verdade?

Quem nunca recebeu um telefonema de um banco, dizendo que foi sorteado em uma determinada promoção e por esse motivo, terá descontos na cesta de taxas e na anuidade do cartão de crédito? Ou então, foi sorteado em uma promoção de um clube de campo e, por isso, receberá gratuitamente o título familiar remido, só tendo de arcar com as taxas de adminstração? Que promoções são esssas?

Tenho um parente que aceitou um emprego de operador de telemarketing em uma entidade que se apresentava como filantrópica. A função exigia entrar em contato por telefone com diversas pessoas e pedir doações para uma determinada entidade de crianças carentes. Pela necessidade (casado e com um filho), aceitou rapidamente. Preste atenção no desfecho dessa história. Começou a trabalhar em um escritório, bonito até, bem localizado, sem conhecer de fato a entidade que representava, entrando em contato por telefone com diversas pessoas já logo em seu primeiro dia. Tinha nas mãos uma listagem fornecida pela própria empresa. Pensou que seria fácil, mas na realidade não foi. Sua carteira de trabalho foi entregue para registro nesse mesmo dia. Passou por um rápido treinamento no mínimo duvidoso onde expuseram a forma padrão de abordar os possíveis clientes e também como tratar de suas objeções. Em muitas situações, ouviu o palestrante dizer que os colaboradores deveriam usar de seu marketing para vender, envolver os seus clientes. Será que realmente esse instrutor estava correto no que dizia?

Nesse treinamento, realizado em 4 horas aproximadamente, em nenhum momento foi falado sobre a entidade, sobre o local e sobre as crianças que tanto se referiam. Falou-se somente em metas, metas e metas. Ficou muito desconfiado, mas respirou fundo, pois precisava do emprego. Começou a observar melhor o dia a dia da empresa. Não passou por integração, não foi apresentado para nenhum diretor e seu único contato ficou limitado ao supervisor, que pouco falava com os funcionários e vivia trancado em uma sala no final do corredor. Sentia que seus colegas tinham alguma coisa para dizer-lhe, mas talvez não conseguiam. Uma coisa era certa: ali todos precisavam do emprego e, por isso, não ficavam reclamando ou até mesmo fofocando pelos corredores. Seus intervalos eram de quinze minutos. Era o tempo de ir ao banheiro, tomar um cafezinho e voltar para a baia. Não dava tempo nem do telefone esfriar...

Ao final da primeira semana, mesmo sem nenhum auxílio da empresa, ele foi bem. Conseguiu arrecadar R$ 200,00. Foi correndo dar a boa notícia ao supervisor que nada falou a princípio.

Na segunda-feira pela manhã, apareceu em sua mesa um papel cheio de números. Parou, sentou, respirou e leu: eram as suas novas metas semestrais. Quis conversar com o supervisor, mas nem insistindo, mandou-lhe um recado que naquele dia ele não podia atender-lhe. Voltou para seu lugar chateado e começou a trabalhar. Antes do almoço, diante da situação, o supervisor foi, por incrível que pareça, ao seu encontro. Disse-lhe para acompanhá-lo e ao chegar à sua sala, fechou a porta bruscamente, pedindo para sentar-se.

Na oportunidade, meu parente quis esclarecer todas as suas dúvidas, com intuito de conhecer a empresa e assim melhor se adaptar a sua cultura, mas foi interrompido várias vezes. Uma delas foi sobre a integração: queria conhecer o endereço da entidade, seus trabalhos assistenciais, enfim sua história. Era a sua oportunidade. Quem sabe ver alguma foto das crianças necessitadas, mas o supervisor rapidamente o cortou, dizendo ser impossível, pois a entidade situava-se no estado do Paraná. Quando questionou sobre as fotos, foi novamente interrompido. O supervisor ficou nervoso e pediu para que ele voltasse imediatamente para sua mesa. A conversa terminou como começou, não se esclarecendo nada. O assunto mais uma vez se resumiu a metas e metas. Voltou para seu canto e pegou o telefone rapidamente, afinal tinha metas para cumprir. Depois disso, passou-se uma semana, outra, e o clima da empresa ficava cada vez mais pesado. A fisionomia das pessoas denunciava que algo não ia bem.

Foi quando em uma manhã de trabalho onde todos os atendentes já estavam a todo vapor, entrou um policial pela porta do salão e pediu para que todos parassem o que estavam fazendo. Foi algo muito desagradável. O supervisor saiu algemado e todos os papéis que estavam em sua mesa foram apreendidos. Todos foram convocados a prestar depoimentos na delegacia e depois foram dispensados. Até hoje, ele não recebeu nada do que tinha direito e acabou sabendo que a empresa era fantasma, e que não existia nenhuma entidade filantrópica por detrás.

Por pouco também não foi processado e o supervisor na realidade era o mentor de toda essa farsa. Era o próprio dono desse negócio fraudulento e, por isso, em muitas situações se fazia de desentendido. Que belo empreendedor, hein? Utilizou-se de pessoas fragilizadas, envolvendo-as em uma história triste para tirar proveito de toda essa situação. Esse exemplo real, considerado até extremo, demonstra como um empreendedor mal intencionado, pode interferir negativamente na vida das pessoas. Imagine nesse caso quantas famílias foram prejudicadas com esse episódio. E pior, essas pessoas correram um sério risco de serem processadas por estarem envolvidas em uma grave situação, sem ao menos saber do que realmente se tratava. A ganância e a soberba subiram à cabeça desse empreendedor. Um fato muito triste.

E as nossas crianças? É... as nossas crianças. Elas são um assunto a parte quando envolvidas pelo marketing. Observe os intervalos comerciais dos canais de TV a cabo, principalmente dos destinados às crianças. Veja quantas propagandas passam em um único intervalo de 3 minutos.

É um absurdo o quanto forçam as nossas crianças a consumir, a procurarem os seus pais para pedir-lhes produtos que muitas vezes desconhecem as suas reais finalidades.

Em época natalina, meu filho não para de me perguntar quando o Papai Noel chegará. Eu e minha esposa tentamos explicar-lhe a verdadeira história desse personagem que na realidade é um santo da Igreja Católica, desvinculando-o do consumismo que está por detrás, mas creio que não conseguimos totalmente.

Nossas crianças estão sofrendo diariamente grandes bombardeios. E mais, nas escolas, as festas de aniversários costumeiramente são realizadas com temas de personagens de desenhos animados. Por que será?

A mídia quer doutrinar seus consumidores desde pequenos e o neoliberalismo tem pressa, pois prega abertamente que somos e seremos valorizados conforme nossa capacidade de consumir. E isso é comprovado quando algumas crianças que não possuem determinados brinquedos são excluídas ou simplesmente discriminadas pelas outras já logo no ambiente escolar.

Observe que: independentemente da faixa etária, são os conhecidos clãs que cada vez mais cedo interferem no comportamento de nossos filhos. Um verdadeiro absurdo.

Excluída, a criança insiste com os pais para comprarem um determinado produto que mesmo sem recursos, eles acabam comprando. E daí surgem as famosas dívidas que são na maioria das vezes impagáveis. A realidade é uma só: muitas são as necessidades e poucos são os recursos.

As crianças são um alvo fácil para o marketing e seus pais se tornam também vulneráveis a essas ações.

Compram sem averiguar se tal gasto cabe no orçamento doméstico, depois caem nas mãos de financeiras e bancos que também possuem metas para oferecer empréstimos e financiamentos. E aí, surge um ciclo vicioso da compra a prazo, uma dependência declarada ao famoso carnezinho de prestações. É lastimável a situação de algumas pessoas que ficam indefesas nas mãos dos bancos...

Aproveitando, gostaria também de citar um assunto muito importante relacionado ainda às nossas crianças: O comportamento e o caráter de alguns personagens que acompanham nossos filhos em toda a infância e em grande parte da juventude.

Em minha época de menino, nós sabíamos nitidamente quais os personagens que eram vilões. Eles eram mal-encarados, tinham cicatrizes pelo rosto, viviam pensando em estratégias para derrotarem os bonzinhos e sempre se davam mal no final da história. Hoje não.
Perdemos as referências, ou melhor, não só perdemos como também criamos outras falsas e acreditamos serem elas as verdadeiras. Por exemplo, na brincadeira de polícia e ladrão, nós não queríamos ser o ladrão, pois sabíamos que eles só faziam maldades e que no final, o policial sempre o prendia. Hoje não.
Vi em uma matéria jornalística, que as crianças atualmente preferem ser os ladrões, pois na maioria das vezes, os mesmos se dão bem, ficam com muito dinheiro, sem contar que existe agora a figura do policial corrupto que vive à margem dessas duas realidades, pois é protegido pela lei por ser um agente que teoricamente a representa e também pratica crimes como os próprios ladrões. Esse é o mundo das facilidades e do mínimo esforço que hoje vivemos. E o marketing tem aí a sua culpa.
Existe até um seriado infantil que o personagem central, a princípio, de boa índole se transforma em outras dez criaturas horripilantes ao ser simplesmente contrariado. Hoje, não se sabe mais quem é o mocinho e quem é o bandido ao final das contas. Perdemos os parâmetros de muitas coisas em nossas vidas.
Nos dias atuais, o feio não se apresenta tão feio como antigamente. Imagine como ficam as cabeças de nossos filhos diante dessa imparcialidade? Na busca desenfreada por novos consumidores, afirmo que o marketing tem uma grande parcela de culpa nessa história.

Semana passada, estávamos eu e meu filho na cozinha, jantando. Ao voltar do trabalho, passei em uma padaria e comprei um ovinho de chocolate para ele. Ao abrí-lo em casa, deparei-me com algo inusitado: um personagem infantil com uma carinha angelical, mas que na realidade era uma máscara. Ao ser retirada, o personagem se apresentava totalmente diferente, com uma fisionomia nem um pouco amigável, para falar a verdade, com uma fisionomia medonha em posição de ataque. Imagine uma criança de 4 anos sendo submetida diariamente a esse tipo de informação.

Na escola sempre foi normal que os meninos, mais ativos que a grande maioria das meninas, brincassem de luta, mas acredito ser anormal que o objetivo principal dessa brincadeira seja a morte de seu oponente. Pode prestar atenção: hoje na mente de nossas crianças só sairá vitorioso aquele que degolar seu oponente.

Essa é a geração do videogame, da interação, do mundo das facilidades. Fico pensando, quais serão as referências que nossos filhos terão por toda a vida? Saberão diferenciar o bem e o mal? E a generosidade, ainda existirá quando os mesmos forem adultos? Quais os valores que pautarão suas vidas?

Veja: em casa, selecionamos minuciosamente a programação de TV, dando preferência aos canais educativos e ainda não temos videogame. Mas se meu filho não assiste em casa, acaba assistindo algo indevido na escola ou mesmo na casa de algum amiguinho. É impossível conseguirmos blindar totalmente os nossos filhos desse mundo tão moderno.

Atualmente, a indústria cinematográfica, ao se preparar para lançar um filme de animação infantil, cria uma infinidade de produtos correlacionados. Planeja-se anos antes do lançamento, investindo em publicidade e licenças para fabricação de roupas, brinquedos, materiais escolares que utilizem determinado personagem como chamariz para o consumo. Define-se parcerias com empresas de *fast-food* e de cereais matinais. As crianças, indefesas e sem senso crítico, envolvidas pela mídia, são forçadas a consumir determinados alimentos ricos em gorduras saturadas e colesterol ruim para conseguirem determinados bichinhos distribuídos por aquelas famosas promoções. Vendem-se na realidade os personagens infantis ao invés dos próprios lanches, pode observar. Algumas dessas empresas, já foram multadas e ainda hoje são investigadas pelo Ministério Público que busca autuar as que ainda fundamentam suas vendas em estratégias desse tipo.

    O marketing em muitos casos se desvirtuou. Antigamente era mais fácil você encontrar uma empresa familiar preocupada realmente em sobreviver em seu mercado, manter postos de trabalho com relações mais humanas. Existia um sonho, uma vontade de vencer e também uma ambição moderada por buscar algo de melhor.

    Hoje, o marketing se utiliza até de técnicas de guerrilha para tornar uma empresa vencedora. As empresas que não agem assim são consideradas obsoletas e fadadas ao fracasso. Sobreviver somente não interessa, precisa-se sim produzir, gerar mais riquezas e buscar novos mercados consumidores. Para termos uma ideia: a maior fabricante de refrigerantes do mundo tem como meta se tornar tão popular e consumida no globo terrestre que hoje considera sua principal concorrente a própria água. Penso eu: quais serão as maneiras que ela utilizará para alcançar essa meta? Utilizará de seu poder econômico? Essas maneiras serão lícitas, éticas? Quero somente lembrar que, a pouco tempo, essa mesma empresa já se utilizou de propagandas subliminares em cinemas para aumentar o consumo de seus refrigerantes. A indústria da tecnologia não é diferente e também merece total atenção. Lembro-me bem que no início da década de 1990, tínhamos somente uma operadora de telefonia em nosso país. Os telefones eram fixos, suas ações eram negociadas em bolsa e nós brasileiros ainda não conhecíamos a telefonia móvel e seus benefícios, a não ser pelos filmes de 007.

Quando houve a abertura da telefonia celular no país, fiquei cerca de 6 horas na fila para conseguir o formulário de adesão desse plano de expansão. Quando consegui esse telefone, ele era tão pesado que se colocado na cintura corria-se o risco de literalmente cair a calça. Atualmente o telefone celular tem tantas funções que muitas vezes até esquecemos que a principal é a de comunicar-se. Aonde vamos parar?

Hoje, a televisão por sua vez precisa ser de HD e agora também conter tecnologia 3D ou então será considerada obsoleta. Precisamos de tudo isso mesmo? Lembra-se do conversor de UHF e VHF que ficava em cima da televisão e do regulador de voltagem de 110 e 220v? Lembra-se de como sintonizávamos os canais, girando aquele botão enorme? E da antena, que muitas vezes precisava de uma palha de aço para melhorar a imagem da televisão? Tempos bons aqueles... Confesso que tenho saudade...

Pois é, caro leitor, o mundo globalizado está querendo nos direcionar para o consumismo dia após dia. Por isso, precisamos enxergar essa onda que nos envolve sorrateiramente e saber nos posicionar diante dessas verdadeiras miragens. Mas você já parou para pensar na responsabilidade que temos diante de tudo isso? Na grande missão que temos pela frente como futuros empresários?

Fiz questão de mencionar esses assuntos justamente ao final de meu livro para que você pare e reflita.

Todo o empreendedor deve ser ético no que faz, por isso trabalhe sempre com honestidade e compromissado com a Verdade. Pague corretamente seus funcionários e valorize-os, ouça-os no que eles tem a dizer. Recolha todos os tributos envolvidos em seu negócio. Quanto a lucrar, toda empresa necessita de lucro para sobreviver, mas seja justo em tudo o que fizer. Não trabalhe com o intuito de acumular riquezas. Viva o hoje de forma livre, sincera e verdadeira, deixando o futuro para ser vivido amanhã com as suas devidas preocupações.

Pratique preços coerentes, compre matérias-primas de fontes seguras com notas fiscais, revenda mercadorias de forma correta, não invista em propagandas populistas e enganosas, coloque sempre a frente de suas negociações os seus valores. Lembre-se: a melhor negociação ocorre quando você ganha o que é justo, pensando também no ganho de seus fornecedores e de seus clientes. Não seja individualista, pense no outro.

Não deixe o faturamento e as metas falarem mais alto em sua empresa. Nunca seja ávido pela fama, pelo dinheiro. Domine-os para a sua própria felicidade. Valorize, antes de mais nada, o ser humano, a família e a sociedade. O seu sucesso será decorrente dessa boa relação. Não deixe se escravizar pelo marketing, pois ele é uma ferramenta que deve ser utilizada sempre a seu favor, mas na medida certa. Utilize-o sem receio, mas pense com antecedência nos impactos que ele como relação social poderá ocasionar.

Esteja certo de uma coisa: seu empreendimento, hoje pequeno, com o passar do tempo crescerá e em via de regra não mais necessitará de seu idealizador para "caminhar com as próprias pernas", por isso será muito importante, você leitor, desde o início, não esquecer dos valores que pautaram o seu surgimento.

Faça a sua parte, seja feliz com aquilo que hoje você tem, creia em Deus, trabalhe e reze bastante, e agradeça-o em todas as circunstâncias.

Dessa forma, com certeza, o seu sucesso e o das pessoas que estão ao seu redor não tardarão a aparecer. Pode confiar. Esse é o meu recado para você, caro empreendedor.

Bons negócios e que Deus nos abençoe,
EDSON MASSOLA JUNIOR

Bibliografia

BIO, S. R. *Sistemas de informação: um enfoque gerencial*. São Paulo: Editora Atlas, 1996.

CANDELORO, Raúl & ALMEIDA, Sérgio. *Correndo pro abraço: como vender mais, fazendo com que o cliente compre sempre*. Salvador: Editora Casa da Qualidade, 2002.

CHIAVENATO, Idalberto. Gestão de pessoas. *O novo papel dos recursos humanos*. Rio de Janeiro: Editora Campus, 1999.

CHIAVENATO, Idalberto. *Introdução à Teoria Geral da Administração: uma visão abrangente da moderna administração das organizações*. 7ª edição rev. e atual. Rio de Janeiro: Editora Elsevier, 2003.

COBRA, Marcos. *Consultoria em Marketing*. São Paulo: Cobra Editora e MKT, 2003.

DESLANDES, Suely Ferreira. *Pesquisa social: teoria, método e criatividade*. Petrópolis: Editora Vozes, 1994.

FOINA, Paulo Rogério. *Tecnologia da informação, planejamento e gestão*. São Paulo: Editora Atlas, 2006.

Guia de marketing para as pequenas e médias empresas, ano 1, 3ª edição. São Paulo: Editora Abril – Exame Novos Negócios, 2003.

IUDÍCIBUS, Sérgio de. *Contabilidade gerencial.* 6ª edição. São Paulo: Editora Atlas, 1998.

KOTLER, Philip. *Promovendo produtos: propaganda, promoção de vendas e relações públicas.* Rio de Janeiro: Editora LTC, 1998.

KOTLER, Philip. *Os 10 pecados mortais do marketing: causas, sintomas e soluções.* Rio de Janeiro: Editora Elsevier, 2004.

KOTLER, Philip. *Administração de marketing.* 12ª edição. São Paulo: Editora Pearson Prentice Hall, 2006.

LAUDON, K. C., LAUDON, J. P. S*istemas de informação com internet.* 5ª edição. São Paulo: Editora Prentice Hall, 2004.

LEE, P. K. D. *Liderando com excelência – desenvolvendo seu potencial de influenciar pessoas.* Santa Bárbara D'oeste: Editora Socep, 2001.

LEVITT, Theodore. *A imaginação de marketing.* São Paulo: Editora Atlas, 1986.

LITTLE, Arthur D. *Como transformar seu produto em mania – marketing epidêmico.* Revista HSM Management, 2005.

LODI, J. B. *História da administração.* São Paulo: Editora Pioneira, 1974.

MARTINS, Eliseu. *Contabilidade de custos*. 9ª edição. São Paulo: Editora Atlas, 2003.

PADOVEZE, Clóvis Luís. *Contabilidade gerencial*. 3ª edição. São Paulo: Editora Atlas, 1999.

PORTER, Michael E. *Estratégia competitiva*. Rio de Janeiro: Editora Campus, 1991.

Webgrafia

www.sebrae.com.br

Esta obra foi composta em CTcP
Capa: Supremo 250 g – Miolo: Pólen Soft 80 g
Impressão e acabamento
Gráfica e Editora Santuário